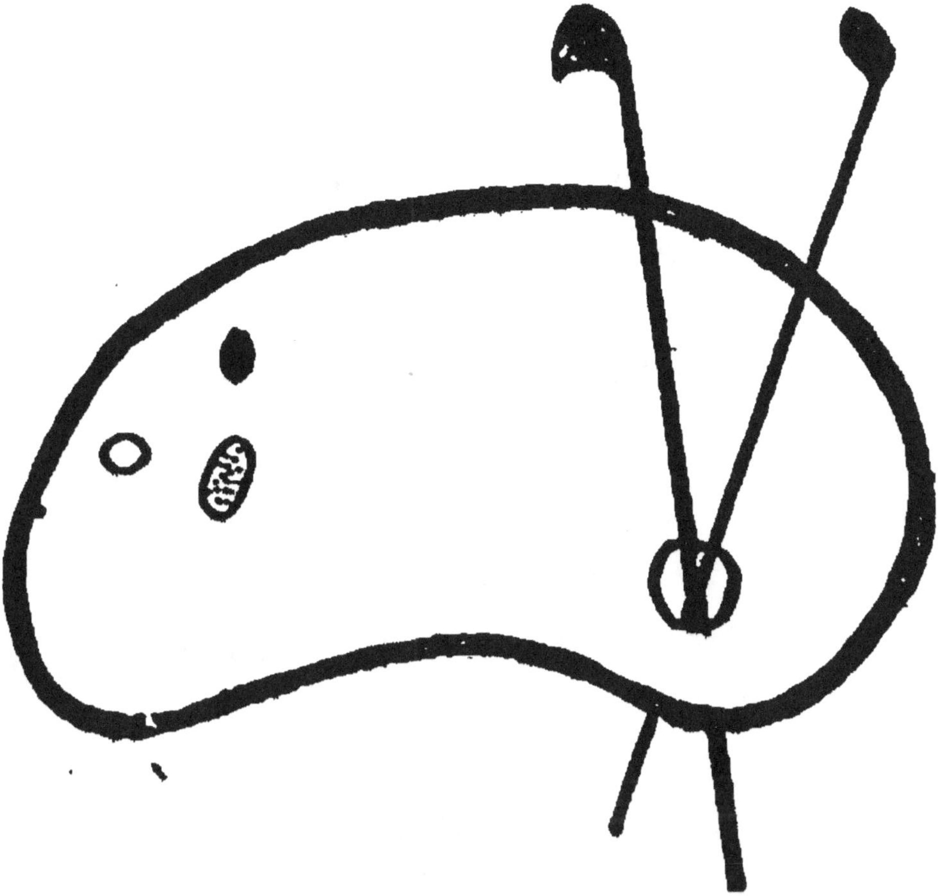

COUVERTURE SUPERIEURE ET INFERIEURE
EN COULEUR

HUMBERT IER

DIT AUX BLANCHES-MAINS

FONDATEUR DE L'ÉTAT DE SAVOIE

ET

LE ROYAUME DE BOURGOGNE A SON ÉPOQUE

1000-1048

Par CAMILLE RENAUX

Agrégé d'Histoire et de Géographie, Professeur Honoraire de l'Université

CARCASSONNE

Imprimerie Victor BONNAFOUS-THOMAS

50, rue de la Mairie, 50

—

1906

PRIX : 2 Francs

HUMBERT AUX BLANCHES-MAINS

ET

LE ROYAUME DE BOURGOGNE A SON ÉPOQUE

Par CAMILLE RENAUX

Agrégé d'Histoire et de Géographie, Professeur Honoraire de l'Université

HUMBERT IER

DIT AUX BLANCHES-MAINS

FONDATEUR DE L'ÉTAT DE SAVOIE

ET

LE ROYAUME DE BOURGOGNE A SON ÉPOQUE

1000-1048

Par CAMILLE RENAUX

Agrégé d'Histoire et de Géographie, Professeur Honoraire de l'Université

CARCASSONNE

Imprimerie Victor BONNAFOUS-THOMAS

50, rue de la Mairie, 50

———

1906

HUMBERT IER DIT AUX BLANCHES-MAINS

ET

LE ROYAUME DE BOURGOGNE A SON ÉPOQUE

1000 - 1048

L'ouvrage de M. le baron Domenico Carutti sur *Le Comte Humbert et le roi Ardouin*, dont la seconde édition a paru en 1888 (1), a fourni au sujet de la question, agitée depuis des siècles, des origines de l'Etat et de la Maison de Savoie, des conclusions que le grand nom de l'auteur, son talent, sa compétence incontestable ont fait admettre un peu complaisamment, il faut bien le dire, par la critique. Son système, fortement battu en brèche depuis, aurait été abandonné si ses adversaires avaient réussi à le remplacer par un autre plus solide ; malheureusement ils y ont échoué. L'auteur de ce mémoire n'a pas l'intention de construire à son tour un monument forcément caduc, s'il est basé sur de fragiles hypothèses ; il lui a paru au contraire que la stricte et sévère exégèse des documents était l'unique moyen de fixer de la manière la plus exacte les traits de l'histoire des premiers Humbertiens, en remontant même à la génération qui a précédé celle d'Humbert Ier, et en désignant son père probable. Aller au-delà, dans l'état actuel de la science, ne lui a pas paru possible, si l'on ne veut pas trop accorder à l'imagination tentatrice, ennemie de la réalité, et torturer les documents, qui doivent commander, non obéir.

---

(1) *Il conte Umberto I è il re Ardoino*, ricerche e documenti del barone Domenico Carutti, nuovamente riveduti dall'autore, Roma, tipografia della R. Accademia dei Lincei, 1888.

— 6 —

I

Le fondateur de l'État de Savoie, le comte Humbert Ier dit aux Blanches Mains, doit être né aux environs de 970 (1). Nous rencontrons pour la première fois sa trace dans une charte datée du 25 janvier de l'an 1000, dressée au château de Boczosel ou Bocsozel en Viennois (2). Par cette charte, l'évêque de Belley Odon cède à deux cultivateurs, à mi-plant ou à complant, suivant l'usage des Gaules ou de Bourgogne (3), une terre de son évêché, acquise par lui en précaire, « de la dépendance de Saint-André, au pagus de Grenoble, ager de Salmorenc, village de Châtonnay (4) ». L'acte est signé du « seigneur Odon, évêque », de Burchard, d'*Humbert*, et de cinq autres témoins (5).

Ce simple seing assurément ne suffirait pas pour faire reconnaître ici Humbert aux Blanches-Mains ; mais trois ans plus tard, le 2 avril 1003, au même lieu, le même prélat engageait aux mêmes conditions à un autre cultivateur une terre acquise également par lui en précaire dans la même localité, par un acte rédigé en termes identiques, de la main du même secré-

---

(1) Date admise par M. Georges de Manteyer, *Les Origines de la Maison de Savoie en Bourgogne (910-1060)*. Table généalogique à la fin de l'ouvrage. Extrait des *Mélanges d'archéologie et d'histoire* publiés par l'École française de Rome, t. XIX, Rome, Imprimerie de la Paix, 1899.

(2) Canton de la Côte-St André, arrondissement de Vienne.

(3) Ad medium plantum, secundûm Galliarum morem... more Burgundiorum. Sur le contrat de mi-plant, fort en usage dans ces contrées, v. Fauché Prunelle, *Essai sur les anciennes Institutions... des Alpes Cottiennes*, t. I, p. 609 seqq.; Paris et Grenoble, 2 vol. in-8°, 1856. — *Galliæ* est opposé ici à *Francia*; le roi de Bourgogne était aussi appelé roi de la Gaule ou des Gaules. V. par exemple le *Cartulaire d'Ainay*, passim; publié par Aug. Bernard avec celui de Savigny dans la collection des Documents inédits de l'Histoire de France.

(4) Aliquid terre ex ratione S^{ti}-Andreæ... in pago Gratianopolis, in agro Salmoriacense, in villa Colonaco. — St-André la-Palud, aujourd'hui St-André-le-Gaz, canton de Pont-de-Beauvoisin (Isère); anciennement chef-lieu d'un archiprêtré du diocèse de Belley. — Salmorenc ou Sermorens, localité remplacée plus tard par Voiron. — Châtonnay, canton de St-Jean-de-Bournay (Isère).

(5) Signum domni Oddoni episcopi. — Signum Buorcardi. — Signum Uberti, etc. J. Marion, *Cartulaires de l'église cathédrale de Grenoble, dits de St-Hugues*, p. 16, dans la collection des Documents inédits de l'Histoire de France. — L'identité de *Ubertus* et de *Humbertus* a été amplement démontrée par M. G. de Manteyer : *Les Origines de la Maison de Savoie en Bourgogne. Notes additionnelles*, p. 442 seqq., Paris, Bouillon, 1901 ; Extrait du *Moyen-Age*, même année.

laire Constantin, devant trois ou quatre des mêmes témoins sur cinq (les textes diffèrent légèrement quant à ces noms secondaires) ; seulement, ce second document présente deux variantes importantes, une dans le libellé de la cession, où « le comte » paraît associé à l'évêque (1), l'autre dans les signatures, où, après celle « du seigneur Odon, évêque », on lit celles « d'Humbert, comte, et de sa femme, de Burchard », puis des cinq témoins (2).

Que l'évêque Odon appartînt à la Maison de Savoie, il n'y a nulle difficulté là-dessus, on s'en convaincra plus loin ; Humbert Ier donna ce nom à son fils cadet. Un Burchard, frère d'Humbert, était possessionné à Saint-Genis, au comté de Belley ; c'est lui sans doute qui signe aux deux actes, d'abord avant, puis après son frère. Mais quel était le nœud de la parenté d'Humbert et de Burchard avec Odon ? Quel était le comté d'Humbert ? Quelle était sa femme ?

L'ancienne opinion qu'Odon était l'oncle des deux autres personnages doit, à mon avis, être maintenue, j'en fournirai la raison. La seconde question est plus débattue ; il semble cependant que le comte qui appuie de son autorité une cession consentie par l'évêque de Belley doit être le comte même de Belley ; et cela d'autant plus qu'une autre solution est impossible. Nos deux documents se rapportent, il est vrai, à des biens sis dans l'*ager* de Salmorene ; mais il n'en résulte nullement qu'Humbert fût comte de Salmorene. Il y a là une contradiction : il est clair que si cette terre eût conféré à Humbert son titre comtal, elle eût été qualifiée ici comté et non pas simplement territoire (ager). De fait, le comté de Salmorene n'existait

---

(1) Hanc deffinitionem predictus episcopus *et comitus* (sic), ut suprà taxavimus, prelibatis viris *tradit* more Burgundiorum, ad medium plantum. — Ce texte est défectueux : il faudrait le verbe au pluriel (tradunt et non tradit) ; comitus est un barbarisme grossier, même pour cette époque. Le copiste n'aurait-il pas fondu ainsi les mots *comes Ubertus*, altérés dans l'original ? Il ne peut être question d'un évêque-comte.

(2) Signum domni Hotdoni episcopus ; Signum Umberto comiti et uxori sua ; Signum Borcardi ; etc. Cette seconde charte de cession paraît avoir remplacé la première, qui n'aurait point été maintenue ; elle se trouve en copie comme la précédente, les originaux étant perdus, dans le cartulaire de St-Hugues, rédigé vers 1106-1108 (loc. cit. p. 17). En 1903 une édition critique de luxe, grand in-4° avec fac-simile, en a paru en Italie, à l'occasion du congrès des Sciences historiques, sous ce titre : *Protocarta comitale sabauda* (Première charte comtale savoisienne). Elle porte la dédicace suivante, que je traduis littéralement de l'italien : *Cette première charte comtale savoisienne fut reproduite dans la neuf-centième année après sa date pour être offerte en hommage dévoué à S. M. le roi Victor-Emmanuel III par les soins de sa Députation d'Histoire nationale pour les anciennes Provinces et la Lombardie fondée par son auguste bisaïeul le magnanime roi Charles-Albert (2 avril 1003-2 avril 1903).*

plus que nominalement, à l'état de division géographique ; on le voit cédé quelques années plus tard, en 1011, en même temps que celui de Vienne, à la reine Hermengarde, par le roi Rodolphe III de Bourgogne, « avec les alleux et les serfs (1) », puis disputé longuement, au point de vue ecclésiastique, entre les Eglises de Vienne et de Grenoble, sans qu'apparaisse aucun comte particulier du pays : il était tombé dans le Domaine comme le comté de Vienne, pour en sortir ensuite au profit des puissants qui s'emparèrent du Domaine. D'ailleurs un tel comte eût-il existé, il est douteux qu'il eût eu plus de droit que le comte de Belley d'intervenir dans l'arrangement présent, attendu qu'il y est question de terres ecclésiastiques jouissant de l'*immunité*, rattachées à l'évêché de Belley (2). Dira-t-on qu'Humbert était titulaire d'un troisième comté, de celui de Savoie par exemple, ou de celui des Equestres, et qu'il paraît, dans le second acte comme dans le premier, à titre de membre de la Maison ? La réponse est facile : il n'y avait pas plus de comte dans le petit pays (pagellus) de la Savoie propre, qualifié lui aussi *ager* vers le même temps (en 1022) (3), que dans celui de Salmorenc. De médiocre étendue, il était en grande partie terre royale, et ce qui en restait était uni au comté de Belley, de l'avis de la grande majorité des historiens, qui ne parlent, avec raison, que du comté de *Savoie-Belley*, et comme le montrent évidemment les actes de fondation et de dotation du prieuré du Bourget que nous examinerons plus loin ; actes qui, pour le dire en passant, indiquent également que c'était là le patrimoine de la famille (hæreditas), et celui d'Humbert Ier lui-même. Quant à l'attribution à celui-ci du comté des Equestres, elle ne repose que sur son intervention à titre d'arbitre dans une affaire relative à des biens sis en ce comté en 1018 ; intervention qui, on le verra, s'explique naturellement d'une autre façon. Le *pagus Equestris, Equestricus*, véritable origine

---

(1) V. ci-après.

(2) M. Carutti. op. cit. p. 92 93.

(3) Donation au monastère de Savigny, par l'évêque de Maurienne Eberhard, de l'église de St-Véran d'Arbin (canton de Montmélian) et d'une terre à Barby (canton de Chambéry), *in pago Gratianopoli, in agro Sarogensi*: l'abbé Besson : *Mémoires pour l'Histoire ecclésiastique des diocèses de Genève, Tarentaise, Aoste et Maurienne, et du Décanat de Savoye*,Nancy (Annecy). in 4°. 1759. Preuves. n° 4. p. 343. sous la date de 1011. rectifiée par Samuel Guichenon. *Bibliotheca Sebusiana*. Centuria I. xxv, p. 16 de l'édition de Turin. 1780. in-fol. — Aug. Bernard donne comme date conjecturale le 29 juin 1010. en observant toutefois que la feria indiquerait plutôt l'année 1013; dans *Cartulaire de Savigny*, p. 288. — Sur l'*ager Sarogensis*. identique au *pagus* et au *Comitatus sarogensis*. v. le chanoine Ducis, *La Sapaudia* (ouvrage posthume). p. 36 seqq.. Chambéry. 1902. — On ne trouve jamais, au onzième siècle. *ager Bellicensis*. mais toujours *comitatus* et *pagus Bellicensis* (ou *Belicensis*).

de l'évêché et du comté de Belley (1), correspondait primitivement, ce semble, au territoire de la Cité des Equestres (Civitas
Equestrium), dont la capitale était l'ancienne Nevidunum
(Nyon), et qui avait elle-même pour origine une colonie Césa-
rienne apparemment de chevaliers (colonia Julia Equestris),
fondée en 44 ou 43 avant J.-C. (2). Ce territoire dut s'étendre, à
une certaine époque, entre le Jura, le Léman et le Rhône, de
l'Aubonne à l'Ain (3), tout au moins de l'Aubonne à la chaîne
du Jura séparant le bassin de l'Ain de celui de la Valserine (4).
Mais les acquisitions et usurpations des archevêques de Lyon,
de Besançon, des évêques et des comtes de Genève, des grandes
abbayes indépendantes de Saint-Claude, Nantua, Saint-Ram-
bert, Ambronay, Romain-Moutier, de plusieurs puissants dynas-
tes prétendant eux aussi à l'indépendance, avaient tellement
rongé et dépecé l'ancien pagus que le nom ne s'en appliquait
plus qu'aux cantons de Nyon et de Gex, qu'il devenait de plus
en plus une simple annexe du comté de Genève, dont il fit partie officiellement dès le temps de la guerre des Investitures, et
que le diocèse de Belley, jadis contigu à son diocèse métropoli-
tain de Besançon, s'en trouvait maintenant séparé par un large
intervalle, et enclavé au contraire dans les provinces ecclésiastiques de Lyon et de Vienne (5). Les comtes des Equestres qu'on
cite encore au début du onzième siècle sont purement hypothétiques, et d'ailleurs sans rapport avec notre Maison ; peu
après, on n'en cite plus. En réalité le pays de Belley, appelé

---

(1) Mgr L. Duchesne déclare positivement que l'évêché de Belley
était « un démembrement de la civitas Equestrium ». V. *Le Liber cen-
suum de l'Eglise romaine* (continué par lui après la mort de Paul Fabre),
dans Bibliothèque des Ecoles françaises d'Athènes et de Rome, 2ᵉ série,
VI, fasc. 2. — Ce qui ne signifie pas qu'il y ait eu de nécessité un
évêque à Nyon, dont le siège aurait été transféré à Belley au cinquième
siècle, en 412, après la ruine de cette ville par les Barbares, comme
on l'affirme communément. V. à ce sujet M. Edouard Philipon, *Les
Origines du diocèse et du comté de Belley*, p. 16 seqq., Paris, Picard,
1900.

(2) E. Desjardins, *Géographie de la Gaule romaine*, t. III, p. 76. —
Quelle que fût la date, mal assurée, de cette *deductio*, l'idée était de
Jules César, qui avait établi sur les bords du Léman une partie de ses
vétérans, ceux qui, selon Lucain, abandonnèrent au début de la Guerre
civile, à l'appel de leur chef, « leurs tentes plantées aux rives du
Léman profond : Deseruére cavo tentoria fixa Lemanno ».

(3) Le baron Gingins la Sarra : *Essai sur l'établissement des Burgon-
des dans la Gaule*, II, dans Memorie della R. Accademia delle Scienze di
Torino, in-4°, t. XL, 1838. — V. encore sur le même sujet : *Histoire de
la Cité et du canton des Equestres*, du même auteur, dans *Mémoires et
Documents publiés par la Société d'histoire de la Suisse romande*,
ancienne série, t. XX, p. 1 seqq.; Ed. Philipon, Les Origines, etc. Introd.

(4) Les noms de vallée de Chézery (Caesarea vallis), de Ceyzérieu
(Caesareus vicus), seraient significatifs à cet égard si ces étymologies
devaient être reçues.

(5) E. Philipon, op. cit. p. 29 seqq.

comté pour la première fois, à notre connaissance, dans un diplôme de Charles, roi de Provence, en juillet 861 (1), était la partie méridionale du pays des Equestres, séparée et détachée de celui-ci par les invasions et prises de possession dont il a été parlé. Sar cesse repoussés vers le Sud, les évêques de Belley franchirent le Rhône, qui avait d'abord limité leur diocèse, secondés et suivis par les comtes, dont les intérêts étaient pareils, surtout quand ils furent de la même lignée. De là, par les uns et par les autres, les acquisitions de terres au Viennois ; de là peut-être même celle du château de Boczosel, qu'il faut se garder de considérer comme le berceau de la race parce que nous l'y rencontrons tout d'abord. S'il en eût été ainsi, il y aurait lieu de s'étonner que la Maison ne tint encore alors que quelques rares terres dans le même pays, comme elle en avait quelques unes dans le Génevois et l'Albanais, et que ce château eût été inféodé par elle à une autre famille, ce que nous constatons dès la fin du siècle (2). La conclusion de ce qui précède est qu'Humbert aux Blanches Mains ne pouvant être comte, de l'aveu à peu près général, de l'aveu de M. Carutti lui-même, ni du comté de Salmorenc, ni du comté de Vienne, ni du comté de Savoie, ni du comté des Equestres (la traditionnelle Maurienne n'est plus en cause aujourd'hui), devait être comte de Savoie-Belley, sans doute à la suite de la mort de son père, survenue entre le 25 janvier de l'an 1000 et le 2 avril de l'an 1003, s'il était comte de quelque chose. Ici apparaît manifeste l'erreur de ceux qui ont supposé la Maison de Savoie divisée en deux branches à l'époque où nous sommes ; théorie irrationnelle et funeste, cause de bien d'autres difficultés encore. Le fondement prétendu de ce système est un précepte de Conrad le Pacifique, roi de Bourgogne, père et prédécesseur de Rodolphe III (937-993), en faveur de la populaire abbaye de Saint-Théofred ou Saint-Chaffre en Velay, lui garantissant des biens acquis par elle au comté de Valence et Die ; parmi les témoins figurent un comte Amédée et un comte Humbert. La date de ce document est mal fixée ; on a adopté généralement celle de 977 : il serait plutôt d'avant juillet 974 (3). On imagine que cet

---

(1) E. Philipon. p. 104.

(2) Donation d'Humbert II à la Novalaise du 10 mai 1083. La pièce est interpolée, déclarée même un faux par M. le comte C. Cipolla. *Monumenta Novaliciensia vetustiora*. t. I. p. 226 seqq. (Rome, 1898) ; parmi les témoins est un Umbertus de Brocel (loc. cit. p. 233). de Bocozel (*Historiæ Patriæ Monumenta*. Chartarum t. primus. Turin. in-fol. 1835, col. 710). de Bofozel (S. Guichenon. *Histoire généalogique de la Royale Maison de Savoie*. éd. de Turin. in-fol. 1780. t. IV. Preuves. p. 27). Mais on retrouve le seing d'un Umbertus de Bozozel dans une autre donation d'Humbert II en 1100, authentique celle ci, à l'abbaye de Fruttuaria. Hist. Patr. Mon. Chart. I. col. 730.

(3) *Cartulaire de Saint-Chaffre*, publié par M. l'abbé Ulysse Chevalier. p. 108-110. Paris. Picard. 1888 : Signum Amedei comitis : signum Eruberti (var. Humberti) comitis. — Pour la date. v. les observations de M. de Manteyer. Les Origines, etc. p. 415 n. 1. et de M. Carutti, op. cit. p. 179.

Amédée et cet Humbert sont frères, que le premier est le père
d'Humbert aux Blanches-Mains, que le second, auquel on attri-
bue le comté de Savoie-Belley, a eu pour fils et successeur un
autre Amédée (1). On conviendra d'abord qu'il est singulier
que ce ne soit pas ce comte Humbert de Savoie-Belley qui
paraisse à l'acte du 2 avril 1003, mais son neveu sans mandat,
Humbert aux Blanches-Mains : car M. Carutti, après avoir soutenu qu'il s'agissait du premier, a confessé qu'il fallait que ce
fût le second (2). On s'étonnera ensuite que deux personnages
de la même Maison portent le titre comtal alors qu'un seul
était comte de fait : phénomène impossible à cette époque et
dans ces contrées, où il n'y avait point de comte sans comté,
pas plus qu'il n'y a aujourd'hui de préfet sans préfecture.
Qu'on imagine donc aussi un comté pour Humbert aux Blanches-Mains et son père !

Et ce comte sans comté, fils d'un autre comte sans comté, a
fait un mariage relevé. L'épouse d'Humbert Ier nous est connue :
elle se nommait Ancilie (ce nom offre quelques variantes) (3) ;
elle était fille d'Aldwide ou Aldéine, ex-favorite ou plutôt
femme à la mode barbare du roi Conrad le Pacifique, auquel
elle avait donné un fils, Burchard, archevêque de Lyon de 978
à 1032 (second du nom), prévôt puis abbé du monastère royal
de Saint-Maurice en Chablais (4), archichancelier du royaume
de Bourgogne. Séparée du roi, Aldwide avait épousé un Anselme, d'une ancienne et opulente famille dans laquelle ce nom
s'associait surtout à celui d'Ulrich, établie dans le comté des
Equestres, qu'elle avait tenu au dixième siècle (5), répandue
encore ailleurs sur les bords du Léman, et dans le val d'Aoste
et le Valais. D'Anselme et d'Aldwide étaient nés quatre enfants :
Ulrich, comte (au Valais), un autre Burchard (dit Saint Burchard) archevêque de Vienne de 1001 à 1031, Anselme, évêque
d'Aoste, prévôt de Saint-Maurice, et Ancilie. Aldwide elle-même
était issue d'une maison noble d'Alémanie, peut-être celle
d'Ottingen-Neuchâtel. Nous voyons en effet le roi Conrad donner
à Aldwide, dans le comté d'Ottingen ou de Bargen, un domaine

---

(1) Carutti op. cit. p. 77 seqq.; id., *Regesta Comitum Sabaudiæ*, gr.
in-8°, Turin, 1889, Stemma, etc., p. 378.

(2) Carutti op. cit. p. 92.

(3) V. de Manteyer, Notes Additionnelles, 493 seqq.

(4) Aujourd'hui en Valais. Le premier Burchard archevêque de Lyon
(de 949 à 963) était frère de Conrad le Pacifique.

(5) Anselmum comitem de pago Equestrico : Plaid de Saint Ger-
vais près Genève, 18 janvier 926, dans L. Cibrario et D. C. Promis,
*Documenti, sigilli e monete appartenenti alla storia della monarchia di
Savoia*, p. 1, Turin, 1833; et dans M. Alex. Bruel, *Chartes de Cluny*,
t. I, p. 247 (Documents inédits de l'Histoire de France).

dont hérita son fils Anselme (1), qui l'échangea, en février 1005, contre des terres de l'abbaye de Saint-Maurice sises au comté d'Aoste, comté destiné à passer, par son intermédiaire et par son œuvre, à la Maison de Savoie. Nous savons qu'avant cette date de 1005 l'archevêque-abbé Burchard II de Lyon, sur le désir du roi Rodolphe III, avait cédé en prestaire à « son affectionné et aimable frère Ulrich » (son frère utérin) des biens de Saint-Maurice « au pagus de Lausanne, au comté de Bargen » pour les tenir avec d'autres *du fisc*, sis au comté de Genève, abandonnés au monastère par le dit Ulrich, mais qu'il retiendrait au même titre (2). Non loin de Bargen était la résidence royale de *Pimpeningis*, qu'on croit être le *Pippinant* du treizième siècle (3), favorite de Rodolphe III et d'où il data plusieurs diplômes ; et il est fort possible que la rapide élévation de la Maison d'Ottingen, qui, simplement seigneuriale à la fin du dixième siècle, possédait deux comtés dans la première moitié du suivant, ait eu les mêmes origines que celle de la Maison de Savoie (4). Que l'archevêque de Vienne Saint Burchard et son frère (germain) Ulrich, en même temps son avoué, soient nés d'Aldwide et d'Anselme, nous en avons la preuve dans une pièce du Cartulaire de Saint-André le Bas, à Vienne, du 19 août 1019 (5) ; qu'Anselme évêque d'Aoste eût pour père le même seigneur Anselme, époux d'Aldwide, nous le trouvons nettement indiqué dans une autre pièce relative à un plaid royal

______

(1) Ex parte matris suæ Aldiud (aliàs Alduid) quod rex chuonradus ei prebuit : Hist. Patr. Mon. Chart. t. II, col. 91. — Ces expressions font voir clairement qu'Alwide n'était point reine, ni épouse reconnue par l'Eglise.— Bargen, tout près d'Aarberg (canton de Berne), dans le Séeland, à l'est du lac de Bienne; Ottingen ou Ottingen, à peu de distance de Bargen vers le midi, en aval du confluent de l'Aar et de la Sarine.

(2) Dilecto atque amabili fratri nostro Odolrico... in pago lausonense et in commitatu bargense... in commitatu genevense... quicquid ad ipsam villam vel ad ipsum fiscum pertinet, etc.; Hist. Patr. Mon. Chart. t. II, col. 73; sans date, de la fin du dixième siècle. Le premier témoin est un Anselme. — Il est à remarquer que le nom d'Ulrich fleurit aussi après cette époque dans la maison de Neuchâtel.

(3) E. Philipon, *Histoire du second royaume de Bourgogne*, dans *Annales de la Société d'émulation de l'Ain*, t. XXXIII, p. 361.

(4) Une charte de Cluny (Alex. Bruel, op. cit., t. V, p. 12) fournit la généalogie des seigneurs d'Ottingen, inconnue auparavant, jusqu'au milieu du douzième siècle. Pour l'histoire des premiers comtes, v. le baron Gingins, *Mémoire sur le Rectorat de Bourgogne*, dans Mém. et Doc. etc. de la Suisse Romande, ancienne série, t. I (Lausanne 1838), p. 27, 34, 41 seqq.; Léon Ménabréa, *Les Origines féodales dans les Alpes Occidentales* (Turin, 1865, in-4°), p. 246-247.

(5) Cartulaire édité par Ulysse Chevalier, p. 256-257 (Vienne, 1869) : Ego Burchardus... archiepiscopus et Udolricus frater meus et advocatus meus... pro genitore nostro Anselmo sive pro genitrice nostra Aaldui...

tenu en 1002 à Eysins (? Osimo, Osinco), près Nyon (1) ; enfin
que la même extraction fût celle d'Ancilie, femme d'Humbert
aux Blanches-Mains, nous le concluons de deux témoignages :
de celui du moine historien Raoul Glaber, qui désigne Burchard III de Lyon, fils d'Humbert aux Blanches-Mains, (et non
de l'autre Humbert de Savoie-Belley imaginaire) comme le
neveu (nepos) de Burchard II : il l'était par sa mère Ancilie,
sœur utérine de Burchard II ; et de celui d'Aimon, évêque de
Sion, autre fils (incontesté) d'Humbert aux Blanches-Mains, qui
en 1052, dans un acte solennel, déclare avoir hérité de son oncle
(avunculo) le comte Ulrich, lequel était effectivement le frère
germain d'Ancilie. Ces témoignages seront examinés et discutés
plus loin, et on en appréciera la valeur.

Le mariage d'Humbert Ier faisait de lui un familier de la Cour
royale et un des personnages importants de l'Etat, mais l'engageait pour toujours dans le parti du Roi contre les grands
rebelles ou insoumis, circonstance qui au surplus fit sa fortune.
Il fournit un argument, à ajouter à d'autres des plus sérieux (2),
contre l'opinion de ceux qui veulent qu'Humbert soit descendu
des rois de Provence Boson et Louis l'Aveugle par Charles-
Constantin, fils de ce dernier : comment, issu d'une race pros-
crite, eût-il été admis dans l'intimité de ceux qui avaient profité
de ses dépouilles ? On en ignore la date, et il faut se garder de
croire qu'il soit postérieur à l'an 1000 parce que la femme
d'Humbert ne signe pas avec lui la charte de cette année,
dressée à Boczosel, analysée ci-dessus ; Ancilie n'avait pas à
intervenir dans un acte où son mari paraissait seulement
comme témoin, tandis que sa signature prenait une valeur du
moment où il agissait comme comte. Il n'est pas du reste absolument sûr qu'Humbert n'ait été marié qu'une fois ; mais, s'il
contracta une autre union, nous n'en apercevons aucune trace,
et en tout cas elle dut précéder celle dont nous avons connaissance.

Nous possédons, outre les deux chartes de Boczosel de 1000
et de 1003, encore un document relatif à l'évêque Odon, non
moins intéressant que les précédents ; il n'émane point de lui
directement, mais de saint Thibaut dit de Champagne, archevêque de Vienne, prédécesseur de saint Burchard. C'est une
convention de prestaire entre les deux prélats passée du 23
octobre 993 au 28 octobre 1000 : Odon reçoit en prestaire pour
lui et pour un de ses proches après lui, jusqu'à la mort de ce
dernier, les biens de l'église de Saint-Maurice de Vienne sis
dans l'ager et la localité de Traize, au comté de Belley, biens
limités à l'est par le Mont du Chat, au midi par le cours d'eau

---

(1) Anselmus episcopus Augustensis... Anselmus pater Anselmi
episcopi; Cibrario et Promis, Doc. sig. etc. p. 7.

(2) V. Carutti. p. 138 seqq. — Francesco Labruzzi. *La Monarchia di
Savoia dalle origini all'anno 1103*. p. 101 seqq. Rome. 1900. in 8°. — G.
de Manteyer, Les Orig.. p. 128 seqq.

du Terus (?), à l'ouest par le Mont de Chevru, au nord par le torrent du Flon ; l'archevêque accepte en retour un manse de l'ager de Vézeronce (près Morestel). dans le même comté de Belley et des propres de l'évêque, qui en conservera la jouissance sa vie durant, moyennant le paiement par lui d'un cens annuel de deux sous pour l'investiture, le jour de la saint Maurice ; le prestaire de Traize passera après lui « à un de ses frères, qu'il aura nommément désigné », sous la même obligation du cens annuel à payer pour l'investiture (1). Il n'est pas difficile de voir que par un tel contrat, s'il eût été strictement exécuté, l'évêque Odon eût frustré les siens après sa mort d'un bien propre pour ne leur réserver en compensation que l'usufruit d'un autre bien pendant quelques années. Telle n'était pas évidemment son intention ; en réalité il prévoyait, et l'archevêque sans doute aussi, que la clause de résignation du précaire ne serait pas observée, et que cette terre deviendrait peu à peu bien de famille moyennant le simple abandon de l'autre terre, moins bien placée pour sa Maison, mais plus à la

---

(1) Notum sit... quod quidam illustris stemate Ecclesiæ Belicensis oraornate Oddo præsul nostram supplex expostulavit præsentiam quod ei aliquod prædiolum quod Ecclesiæ nostræ olim fuisse digno. titur ei per præstariæ auctoritatem largiremur. Est autem ejus situs in comitatu Belicensi in agro vel villa cui vocabulum est Tresia cum ecclesia in honore beati Mauricii dicata. cum omnibus appenditiis quæ ad ipsam pertinent, id est quantûm in præfato comitatu vel finibus istis concluditur, hoc est à mane Mons qui vocatus Munitus. a media die aqua quæ vocatur Terus. a sero Mons qui vocatur Caprilis. à circio aqua Saveria... ea videlicet ratione ut quandiû ipse vixerit vel unus ex propinquis ejus cui ipse istas res dederit. teneant et possideant ; post eorum solummodo discessum ad ecclesiam beati Mauricii absque ulla mora revertantur. Pro istis vero rebus donat prædictus Oddo aliquid ex rebus suis, id est mansum unum qui est situs in pago Belicensi, in agro Vezerocensi. in villa quæ vocatur Calliscus... tali scilicet tenore ut quandiû ipse vixerit teneat et possideat. post mortem vero ejus... ad prædictam Ecclesiam sancti Mauricii revertatur et singulis annis in festivitate beati Mauricii duos solidos in investitura persolvat. Istam itaque præstariam volo ego Oddo ut quandiû ego vixero ut suprà dictum est teneam et possideam. post mortem vero meam unus ex fratribus meis cui per nomen eam laxavero similiter teneat et possideat et prædictam vestituram simili modo annis singulis persolvat. etc.— Ulysse Chevalier. *Revue du Lyonnais.* série III. t. IV (1867) p. 73 seqq. : Ed. Philipon. Les Origines etc. p. 165 ; de Manteyer, les Orig.. p. 366-369 ; Jean Létanche. *Etude historique d'une charte du x° siècle.* dans *Mém. et Doc. pub. par la Société savoisienne d'histoire et d'archéologie.* t. XI.. p. 34 seqq.. Chambéry. 1901. — M. J. Létanche a heureusement redressé l'erreur de M. de Manteyer. qui avait pris l'aqua Saveria pour le canal de Savières ; mais il s'est égaré lui-même lorsqu'il a prétendu expliquer *Terus* par *ruisseau terreux. le Merderel.* dont au surplus il n'indique pas la situation : M. Philipon écrit *Jerus.* La villa Calliscus. selon ce dernier. serait Charray. à trois kilomètres à l'ouest de Vézeronce. M. U. Chevalier date la pièce d'un lundi d'octobre 935.

convenance de l'Eglise de Vienne (1). Autrement l'introduction d'un frère d'Odon dans la convention ne devait-elle pas paraître dangereuse, si les contractants n'eussent envisagé que les intérêts ecclésiastiques ? Et ce frère d'Odon n'était-il pas, ce qu'on avait voulu éviter de stipuler expressément, le comte même de Belley, père d'Humbert aux Blanches-Mains ? Et celui-ci n'obtint-il pas aisément de son beau-frère saint Burchard, successeur de saint Thibaut, la prorogation du contrat, qui ensuite tomba en désuétude ? Dès ce moment, en effet, nous ne relevons pas d'autre seigneur supérieur dans le pays de Traize que le comte de Belley, ni d'autre évêque, jusqu'à la Révolution française, que l'évêque de Belley (2). Plus tard Humbert Ier disposera avec son fils Amédée, son successeur au comté de Savoie-Belley, de terres sises sur le Mont du Chat et aux alentours (3) dont une partie pourrait bien avoir été comprise dans les limites déterminées par l'accord ci-dessus : ce qui nous fournirait une preuve positive, si seulement nous connaissions exactement ces limites, et si nous savions ce que c'est que le cours d'eau Terus, qui les traçait au midi (4). Pour le moment l'évêque Odon acquérait la jouissance d'un domaine de l'Eglise de Vienne en conservant la jouissance de celui qu'il donnait, le tout à peu de frais : un cens de deux sous était une faible rente même en ce temps ; c'était là une de ces obligations ridicules dont usaient les prélats et d'autres pour éluder la défense d'aliéner de certains biens. De telles clauses porteraient à penser, ce qui a été conjecturé du reste, que Thibaut était le proche parent d'Odon (5), si d'abord les expressions employées par l'archevêque ne détournaient d'une pareille hypothèse : « Qu'il soit connu, dit-il dans le préambule de l'acte... que certain évêque de l'Eglise de Belley, du nom d'Odon, de souche illustre, a paru devant nous, sollicitant et suppliant que nous lui fissions largesse, sous bénéfice de prestaire, de

---

(1) Des faits pareils se passaient à chaque instant ; aussi Yves de Chartres déclarait-il qu'il n'y avait aucun précaire avantageux à l'Eglise, qui les supprima. Il exagérait, selon d'autres docteurs. V. Durand de Maillane. *Dictionnaire de droit canonique*, etc., t. IV, p. 450, 3me éd., Lyon, in-4°, 1776. Le précaire est analogue au contrat dénommé ici *prestaire* : l'ouvrage ci-dessus cité ne mentionne même pas le contrat de prestaire, tombé comme l'autre en désuétude.

(2) J.-J. Vernier. *Dictionnaire topographique du département de la Savoie*, p. 81, 374, 711, 751 ; Chambéry in-8°, 1897. — J. Lélanche, loc. cit. p. XXXIX.

(3) V. plus loin, fondation du prieuré du Bourget.

(4) Je ne trouve, dans la carte au 80.000e, rien qui rappelle le Terus ou le Jerus, ni même aucun cours d'eau dit Merderel dans ces parties.

(5) Son oncle, d'après M. de Manteyer, les Orig., p. 435 seqq.; Notes additionnelles, p. 264 seqq.; Tableau généalogique à la suite du texte des Orig. — Le même auteur fait de l'évêque Odon un frère d'Humbert Ier.

certain petit domaine, etc. (1) ». On avouera qu'il serait bizarre
que saint Thibaud eut parlé en ces termes de son parent et de
sa Maison ; mais on remarquera particulièrement les mots « de
souche illustre, *illustris stemate* », qui, avec d'autres épithètes
semblables qu'on rencontre dans les documents du onzième
siècle, surtout dans les écrits du cardinal Pierre Damien, met-
tent à néant toute théorie sur une humble origine des comtes
de Savoie. D'où provenait cette illustration, c'est ce qu'il nous
est difficile de dire, c'est ce que nous ne saurons peut-être
jamais complètement. Elle est marquée encore, ce semble, par
la prompte fortune d'Humbert Ier, par son mariage, par son
rôle public.

Dès 1009 (6 juin), nous croyons le reconnaître parmi les pro-
moteurs d'un diplôme royal dressé à Saint-Maurice d'Agaune (2),
portant donation de la moitié du château de Moras, localité
assez peu distante de Châtonnay et de Boczosel vers le sud-
ouest (3), et de grands biens en Viennois à Humbert d'Albon,
évêque de Grenoble, à sa mère et à ses neveux, fils de Guigues,
« de bonne mémoire », sur la demande de la reine Agiltrude,
de l'archevêque (de Lyon) Burchard, frère du Roi, des comtes
Rodolphe et *Ubert* (4). Non moins que ce dernier, le comte
Rodolphe, qui lui est associé, a occupé les commentateurs ; je
verrais volontiers en lui ce Rodolphe, dit l'*Aroué*, fondateur du
monastère de Saint-Pierre de Bévay, sur le lac de Neuchâtel, en
998 (5), cité parmi les comtes et les hauts personnages ayant
siégé au plaid d'Eysins en 1002 (6), troisième auteur aujour-
d'hui connu de la maison d'Ottingen-Neuchâtel, et qui, dans
l'hypothèse émise ci-dessus sur l'origine d'Aldwide, a pu être
le frère de cette princesse ; père de deux futurs comtes, il avait
peut-être acquis lui même le titre comtal à la date de ce document (7).

---

(1) Ci-dessus. p. 5. n° 4.

(2) Ul. Chevalier, Cartulaire de Saint-André le Bas. p. 249. — Traduit et commenté par Alfred de Terrebasse, *Notice sur les Dauphins de
Viennois*. dans Œuvres posthumes, p. 25 seqq. Vienne. 1875. — Expliqué plus complètement pour la partie géographique par G. de Manteyer. Les Orig.. p. 369.

(3) Arrondissement de Valence. canton du Grand-Serre.

(4) Petente Agilarude regina conjuge nostra. necnon archiepiscopo
Burchardo fratre nostro et comitibus Rodulpho et Uberto. — Il s'agit
ici de l'archevêque de Lyon et non de son homonyme de Vienne. qui.
n'étant point né de Conrad le Pacifique, n'est jamais dit frère du Roi
dans les actes.

(5) Chartes de Cluny. t. III. p. 583.

(6) Rodulfus advocatus. — Cibrario et Promis, loc. cit.. p. 7. — Id.
dans Chartes de Cluny, t. V, p. 12. V. ci-dessus. p. 4. n. 10.

(7) L. Ménabréa a pensé à un comte souabe. ancêtre possible du
fameux anti-roi Rodolphe de Rheinfelden (Les Origines féodales. p.
45 46) : mais ce n'est que bien longtemps après que cette famille appa-

Il est intéressant de voir la fortune de la Maison d'Albon se développer parallèlement à celle de la Maison de Savoie, dont elle devint par lassuite la perpétuelle rivale (1) ; mais la seconde parut devoir l'emporter après le nouveau mariage du Roi, veuf d'Agiltrude, avec Hermengarde, vers le début de 1011. Quels qu'aient été les liens, restés mystérieux, qui unissaient cette reine à Humbert et à sa famille, il est certain que ces princes gagnèrent davantage par son appui que les d'Albon par la recommandation d'Agiltrude. On ignore son extraction ; on dirait, observe M. Carutti, que dans les actes qui la concernent elle s'était fait un système du silence au sujet de sa parenté ; et ce serait allonger inutilement cette étude que de reproduire et de discuter les hypothèses des historiens sur cette origine. Elle

---

rait mêlée aux affaires de Bourgogne, et les d'Albon devaient l'intéresser peu. — Rodolphe, fils de Charles Constantin, ne peut non plus évidemment être admis comme un familier et un conseiller du roi qui retenait son héritage confisqué. — Dans la généalogie tirée d'une charte de Cluny citée ci-dessus, Rodolphe ne porte que son surnom d'Advocatus, l'Avoué, sans titre comtal : ce qui n'a aucune importance, attendu qu'aucun des personnages nommés dans ce document, où l'on n'a recherché que la série des générations, ne reçoit le dit titre, bien que plusieurs aient été comtes.

(1) L'origine des d'Albon n'est guère moins obscure que celle des comtes de Savoie ; seulement on a moins travaillé à l'embrouiller. M. Ferdinando Gabotto a eu raison, à mon avis, de compter les Guigues, ancêtres des Dauphins de Viennois, à partir de Hugues ou Guigue d'Octavion (près Romans), neveu du célèbre Hugues, marquis de Provence et roi d'Italie (*Studi Pinerolesi*, p. 93, n. 6 ; Pignerol, 1899, in-8°). Une pièce me paraît pouvoir corroborer singulièrement cette opinion : elle a été éditée parmi les Chartes de Cluny de M. Alex. Bruel, t. I, p. 401. C'est une donation à l'abbaye de Cluny, faite par « le seigneur Guigue (Guiguo) et son épouse Wandalmode... de biens de leur patrimoine sis au Comté de Vienne, au territoire d'Annonay, au village de Vugon (Vion ?), limités à l'orient par le Rhône, etc. » Suit la signature d'un second Guigue (Wiguo). La date de cette charte n'est pas connue ; M. Bruel remarque qu'elle se trouve dans le Cartulaire de l'abbé Bernon (910-927). Hugues, comte de Vienne, marquis de Provence, devenu roi d'Italie le 9 juillet 926, avait bien eu pour femme une Wandalmode qui le rendit père de Hubert, marquis de Toscane (V. Poupardin, *Le Royaume de Provence*, tableau généalogique, p. 40 ; Paris, Bouillon, 1901 ; De Manteyer, les Orig. tab. généalogique). Comme il s'agit ici de terres du comté de Vienne, dans le voisinage des domaines patrimoniaux des futurs Dauphins, comment n'être pas tenté de voir dans le donateur le comte et marquis Hugues, qui pour une cause à expliquer paraît ici sans titres, et dans le signataire son neveu Guigue Ier, selon M. Gabotto ? La pièce a été dressée sous le règne du roi Rodolphe ou Raoul, « regnante Rodulfus rege ». Or, à mon avis, il ne s'agit ici ni de Rodolphe III, ni de Rodolphe II, rois de Bourgogne, mais bien de Raoul, duc de Bourgogne, proclamé roi de France en 923, et que reconnaissait l'Établissement donataire de Cluny, sis au diocèse de Mâcon, en Bourgogne. Cette observation n'est pas étrangère à notre sujet, une théorie récente, celle de M. Manteyer, faisant de Hugues d'Octavion l'aïeul d'Humbert aux Blanches-Mains.

était veuve, déjà mère de deux fils. Le faible Rodolphe III combla d'abord de faveurs sa nouvelle épouse ; les actes royaux paraissent émanés dès lors d'une sorte de haut Conseil intime formé de la Reine, des deux archevêques Burchard et de l'évêque Anselme d'Aoste, Conseil dont Humbert aurait été le bras. Le même jour, 24 avril 1011, se trouvant au château d'Aix-les-Bains, une de ses principales résidences, Rodolphe III abandonnait à la Reine, « comme en cadeau de noces » (1), « la cité métropolitaine de Vienne ainsi que le château de Pipet, avec les alleux et les serfs qu'il y possédait, comme il apparaissait, y ajoutant le comté de Salmorenc avec les alleux et les serfs » (2), puis, par un acte distinct, Aix, Annecy, et six localités de la même région (3) : donations complétées et accrues par deux diplômes postérieurs, l'un du 21 février 1014, rendu à la demande de l'archevêque Burchard (de Vienne) et de l'évêque Anselme, portant cession à Hermengarde, « au comté de Savoie », des deux Albigny (Saint-Pierre et Saint-Jean), de Miolan, de Conflans, de Châteauneuf, alors « opulente demeure royale » (4) ; l'autre, daté de 1016, à Strasbourg, stipulant le don d'Aix à nouveau, de Chambéry, de Lémenc et de Saint-Cassin, « au comté et pays de Grenoble et de Savoie » (5). C'étaient trois comtés fiscaux qui passaient ainsi dans les mains de la Reine, et qui cependant n'y demeurèrent pas, car le 14 septembre 1023, étant à Orbe, Rodolphe III, « à la satisfaction de son épouse très chère », rétrocéda le comté de Vienne avec ses revenus « à saint Maurice, patron de l'Église de cette ville », à son chef saint Burchard et à ses successeurs (6). Il n'est plus

------

. (1) Quasi regalo di nozze ; Carutti, p. 79.

(2) Dono dilectissimae sponsae meae Irmingardi Viennam metropolinae (sic) civitatem cum Pupet (sic) castello et commitatum Viennensem cum alodis et mancipiis quae in ipso habere videor ; et dono ei comitatum salmorenensem cum alodis et mancipiis, etc. — Cibrario et Promis, p. 15.

(3) Cibrario et Promis, p. 17.

(4) In comitatu Savoigense : *Cartulaire de Saint-André le Bas*, de Vienne, pub. par Ulysse-Chevalier. Appendice, n° 43 ; Vienne, 1869, in 8°. — Saint Pierre d'Albigny, ch.-l. de canton, arrond. de Chambéry ; Saint Jean de la Porte, canton de Saint-Pierre ; Miolan, commune de Saint-Pierre, localité bien connue plus tard par son affreuse prison d'État ; Conflans, partie d'Albertville ; Châteauneuf, en face de Saint-Pierre, de l'autre côté de l'Isère (rive gauche), dit « regalissimam sedem » dans le second acte de 1011 (Cib. et Promis, p. 17).

(5) In comitatu seu in pago Gratianopolitano vel Savoigense ; Cart. de Saint-André. Append. 44. — Lémenc, tout près de Chambéry ; Saint-Cassin, au sud-ouest de la même ville, dans son canton.

(6) Lactante dilectissimâ conjuge meâ Irmengardâ reginâ... sancto Mauritio Ecclesiae Viennensis patrono et episcopis eidem Ecclesiae praetitulatis.... Viennensem comitatum cum omnibus appendiciis suis infra ipsam civitatem... et extra... cum castello... quod dicunt... Pupet et quicquid nostro usui legis censura per manus ministrorum nostro-

question ici du comté de Salmorenc, et on ne sait ce qui en
advint, car il n'y a point de monument indiquant qu'Hermengarde l'ait conservé jusqu'à sa mort comme elle conserva une
partie de la Savoie. Peut-être y eut-il de ce côté des difficultés
venues des d'Albon, qui, tenant l'évêché de Grenoble, auquel
ce comté était rattaché ecclésiastiquement, y agirent comme
les comtes de Savoie-Belley agissaient en Savoie, cherchant
à profiter des évènements pour s'y implanter et s'y rendre
maîtres. Ce ne fut toutefois que plus tard que les terres
de Savoie énumérées dans les donations de 1014 et de 1016 restèrent intégralement acquises aux comtes de Savoie-Belley,
surtout, ce semble, après le décès d'Hermengarde, qui disposait encore de certains de ces biens en 1057, et d'autres au
moment même de sa fin, survenue très probablement fort peu
de temps après cette date. Il est sûr que, dans les idées de
l'époque, il n'y eut pas usurpation de la part de nos comtes.
Nous ignorons d'abord si le roi de Germanie Henri IV, souverain nominal du royaume de Bourgogne, n'approuva pas cette
occupation ; on sait qu'il fit de grandes concessions à sa belle-
mère Adélaïde, marquise de Turin, et au fils de celle-ci Amé
dée II, comte de Savoie-Belley. Il est plus probable que ce
consentement ne fut pas sollicité ni jugé nécessaire. Les droits
des rois germains sur ces terres de l'ancien Domaine semblaient
abolis par la donation de Rodolphe III et par l'usage; ils étaient
d'ailleurs, en général, si mal établis, qu'Hermengarde elle-
même, dans la première des pièces auxquelles il vient d'être
fait allusion, marquait formellement ne pas reconnaître pour
roi de Bourgogne Henri IV, qui n'avait pas été élu et ne le fut
jamais (1). Ces biens restèrent donc aux comtes du pays, plu-

rum nunc usque solvebat: D. Bouquet, *Recueil des Historiens des Gaules
et de la France*, t. X, p. 549; Forel, *Regeste de la Suisse romande*, n° 205,
Lausanne, 1862 ; U. Chevalier, *Description analytique du Cartulaire du
Chapitre de Saint-Maurice de Vienne*, n° 20, Valence, 1891 ; G. de Manteyer, les Origines de la Maison de Savoie en Bourgogne, *La Paix en
Viennois*, p. 135 seq. Grenoble, 1904. — L'archevêque acquérait par
cet acte, selon le baron Gingins la Sarra, l'autorité comtale sur les
biens de son Eglise inclus au Comté, plus sur un territoire assez
borné autour de la ville, à l'est jusqu'à Tours, au nord jusqu'à l'Auzon
(*De l'origine de la Maison de Savoie*, dans Mém. et Doc... de la Suisse
romande, t. XX. p. 220). On sait qu'il y eut plusieurs comtés de Vienne
coexistants. Les droits du fisc seuls passaient aux prélats.

(1) Fait à Vienne... la même année que mourut Henri, second Empereur du nom, les Bourguignons se trouvant sans roi et sous le seul
règne de N. S. J.-C.: actum Viennae... eodum anno quo mortuus est
Heinricus secundus Imperator, rege Burgundionum deficiente. Domino
vero nostro J. C. regnante; donation à l'église épiscopale de Grenoble de l'église de Sainte-Marie d'Aix et de divers biens, 23 août
1057; Cibrario et Promis, p. 31; Marion, Cartulaires de Saint-Hugues,
p. 99; pour la date, de Manteyer, Les Orig.. p. 110 n. — La seconde
pièce, datée des derniers moments de la Reine, « in extremo fine »,
est la donation de l'église de Saint-Jean d'Albigny à l'abbaye de
Saint-André de Vienne; Ul. Chevalier, Cart. de Saint-André le Bas,
p. 168.

tôt comme appartenant à leur comté et y retournant qu'à tout autre titre, en vertu de quelque convention avec la Reine par exemple ; et la chose parut naturelle et légitime aux contemporains. La domination des comtes sur les seigneurs savoisiens, d'abord restreinte et gênée par l'occupation royale, devint alors complète : les vassaux royaux ne furent plus que leurs vassaux propres ; seulement ils ne relevèrent que plus tard le titre de comte de Savoie.

En se saisissant de la direction des affaires et en particulier du Domaine, Hermengarde et son parti excitaient forcément la jalousie, la colère et les inquiétudes de l'ombrageuse aristocratie de Bourgogne, dont les chefs étaient véritablement maîtres dans l'État. Contre elle Rodolphe III et les siens n'avaient qu'un recours : le roi de Germanie, vague suzerain et protecteur du Royaume bourguignon. Malheureusement, dans le moment où Rodolphe avait succédé à son père Conrad (18 novembre 993) (1) le roi de Germanie était un enfant, Othon III, qui mourut prématurément le 24 janvier 1002, sans avoir pu porter le moindre secours au pauvre « roitelet » de Bourgogne lorsque celui-ci, ayant tenté de réagir par les armes contre l'insolence et les usurpations des seigneurs, fut outrageusement battu et mis en déroute (995) (2). Henri II dit le Saint, successeur d'Othon III, bien que neveu de Rodolphe III par sa mère Gisèle, fille de Conrad le Pacifique, songea d'abord surtout à profiter de ses embarras ; il ne parut dans le royaume, en juillet 1006, que pour enlever et annexer Bâle, dont l'évêque était son fidèle (3). Cependant l'évêque de Mersebourg Thietmar, dans sa chronique, à la date de 1016, parle d'engagements anciens du roi de Bourgogne, au sujet de sa succession, avec Henri II, qui pourraient remonter à cette date (4). Il se forma dès lors un parti de l'indépendance nationale, ou plutôt qui mettait en avant ce prétexte, dont le chef était le Grand Comte de Bourgogne Othe-Guillaume, de la Maison italienne d'Ivrée, fils adoptif du Capétien Henri, duc de Bourgogne. On pouvait à tout instant craindre qu'Othe-Guillaume ne voulût imiter son cousin Ardouin, qui s'était fait roi d'Italie. Heureusement pour Rodolphe et son parti, le Grand Comte était engagé dans une lutte contre le roi de France Robert au sujet de la succession du

---

(1) Poupardin. Le Roy. de Provence, p. 365 et n. 10. L'auteur a écrit par mégarde *18 décembre*.

(2) Hoc anno (995)... ipse regulus... facile tamen victus et fugatus est ; *Annales Sangallenses Majores*, dans la grande collection de Pertz. *Monumenta Germaniae Historica*. Scriptores t. I. p. 81.

(3) *Annales Heremi* (d'Einsiedeln). Mon. Germ. Hist., Scrip. t. III. p. 144 ; Ch. Pfister. *Etudes sur le règne de Robert le Pieux*. p. 365. Paris. Vieweg, 1885.

(4) Thietmari Chronicon. lib. VIII. 27-29 : Mon. Germ. Hist. Script. III. ou éd. Kurze *in usum scholarum*. p. 209 seqq., Hanovre. Hahn. 1889.

duché de Bourgogne, lutte dans laquelle il succomba ; et, l'événement le montra, il n'excellait que dans l'intrigue, et se montrait faible dans l'action et sur les champs de bataille. Il n'en était pas moins si redoutable par son opulente parenté, ses vastes ressources, la situation et la force stratégique de son État montagneux, le nombre de ses adhérents, que Thietmar le regardait comme le roi de fait, vassal seulement en apparence, et bravant la puissance impériale elle-même (1). Mais la fortune du roi germain grandissait : le 14 février 1014 il se faisait couronner Empereur à Rome, proscrivait et dépouillait ses ennemis ; cédant à la maladie et au découragement, le roi Ardouin lui-même se retirait à l'abbaye de Fruttuaria, où il expirait quelques mois après, le 14 décembre 1015. Les adversaires irréconciliables de l'Empire en Italie, lui cherchant un successeur, portèrent leurs regards au-delà des Alpes : c'était assez la coutume en pareil cas ; en 1016 ils firent courir le bruit que Rodolphe III en personne allait descendre des Alpes avec une nombreuse armée pour les secourir, moyennant la cession de la Marche d'Ivrée (2). On croira difficilement que le faible roi ait jamais pu concevoir la pensée d'une entreprise si audacieuse ; c'était là une intrigue d'Othe-Guillaume et de ses fauteurs qu'expliquent les événements survenus cette année dans le royaume. Au début de 1016 en effet l'opposition au parti de la Reine était devenue si violente qu'on ne parlait de rien moins que de détrôner et d'expulser Rodolphe III (3), au profit du grand comte apparemment. Les conseillers et l'entourage du Roi résolurent de brusquer une intervention impériale qui, seule, pouvait les sauver : des négociations secrètes s'engagèrent, une entrevue eut lieu à Strasbourg, probablement au début de juin 1016. Là, raconte Thietmar (4), l'ancien accord fut confirmé ; Rodolphe III s'engagea à ne rien faire d'important sans l'avis de l'Empereur (5), auquel toute la noblesse présente prêta serment (l'historien ne donne malheureusement aucun nom) ; la Reine lui recommanda ses deux fils ; Henri II distribua à l'avance aux seigneurs bourguignons les bénéfices qu'Othe-Guillaume avait acquis de la munificence royale, et que Rodolphe venait de lui rétrocéder tout exprès, fit à tous de gros cadeaux d'argent (6) ; puis, l'Assemblée dissoute, réunit une armée et vint par Bâle attaquer le Comté de Bourgogne. Il s'aperçut bientôt qu'il ne viendrait pas si facilement à bout

---

(1) Thietmari Chron., VIII. 30, éd. Kurze, p. 211.

(2) Lettres de Léon de Verceil retrouvées par Bloch. Neues Archiv., Hanovre, 1897 ; Pfister. op. cit., p. 367.

(3) Alpertus. moine de Saint-Symphorien de Metz. contemporain ; Mon. Germ. Hist. Script. IV. p. 716-717.

(4) Chron. VIII. 27-29, loc. cit.

(5) Il livra à l'Empereur son royaume. dit plus simplement Alpertus, regnum imperatori tradidit (loc. cit.)

(6) Inellabilem pecuniam ; Thietmar.

de son adversaire dans ce pays, semé et coupé d'obstacles ;
« s'étant bien assuré qu'il ne prendrait pas une seule ville, il
s'en revint tristement (1) » par l'Alsace (août 1016). Les grands
de Bourgogne, de leur côté, comprirent qu'ils n'avaient rem-
porté qu'un stérile avantage ; ils voyaient le clergé, les villes,
les vassaux fidèles au roi unis contre leur tyrannie, l'Empereur
demeurer le chef de leurs ennemis, gouverner par ses partisans. Résolus à tout pour empêcher l'exécution du pacte de
Strasbourg, ils jouèrent la comédie d'une réconciliation avec
leur débonnaire souverain, vinrent se jeter à ses pieds, lui
jurant obéissance toujours, « le suppliant particulièrement de
ne point souffrir que le chef d'une nation étrangère commandât
à son propre peuple, puisque, d'après la loi établie à perpétuité
chez les Bourguignons, nul ne devait être leur roi que celui
qu'ils auraient eux-mêmes élu et constitué (2) ». Rodolphe se
laissa persuader de redemander son royaume à l'Empereur,
qui le lui rendit volontiers, adjurant les grands de tenir leurs
promesses ; par un haut sentiment de justice, selon le moine
messin Alpertus, auquel se joignait sans doute la satisfaction
d'échapper à de nouvelles aventures, qu'Henri II n'aima jamais,
en dehors de la Germanie. C'est alors qu'Othe-Guillaume tenta
d'entraîner Rodolphe en Italie pour s'emparer sous son nom
au moins de la Marche d'Ivrée, enlevée à sa propre Maison. Le
Conseil du Prince rompit certainement ce projet ; le fait est qu'en
février 1018 le vacillant monarque se rendait à Mayence à un
nouveau colloque, toujours accompagné de la Reine, de ses
deux beaux-fils, des seigneurs de son parti, et cédait à l'Empereur encore une fois sous serment « sa couronne et son scep-
tre » ; mais encore une fois les armes impériales demeuraient
impuissantes à faire exécuter le traité. L'expédition, partie de
Bâle en juin, tourna même au désastre. Après deux mois
d'efforts, Henri II n'avait réussi qu'à se voir attaqué par son
oncle lui-même, indigné de la façon dont il traitait son
royaume (3) ; ou plutôt, vraisemblablement, contraint par
l'aristocratie de marcher à sa tête. Le 2 septembre l'Empereur
était à Zurich, « de retour de cette campagne d'amertume (4) ».
Il paraît que les vainqueurs voulurent poursuivre les Impé-
périaux même en Alémanie : ils furent à leur tour arrêtés et
battus complétement vers le Léman par Werner, évêque de

(1) Cumque se nullam urbium earumdem expugnare pro certo sciret,
reversus est tristis ; Thietmar.

(2) Unum illud specialiter deprecari ne alterius gentis regem super
populum suum dominari pateretur ; legem hanc perpetuam Burgundionum esse, ut regem haberent quem ipsi eligerent atque constitue-
rent : Alpertus, loc. cit. — Cet incident a été mis en doute ; le chroniqueur proteste pourtant n'avoir rien écrit que sur de nombreux
témoignages.

(3) Annales Heremi, Mon. Germ. Hist. Script. III, p. 144.

(4) De invisâ expedicione reversus ; Thietmar IX, 34, éd. Kurze, p.
258.

Strasbourg, et Radbot, comte de Klettgau, ancêtre de la Maison de Habsbourg et frère, dit-on, de ce prélat, qui avaient de grands biens dans ces parties (1019) (1). On sait mal ce qui suivit; les grands paraissent avoir renouvelé leur apparente soumission et n'avoir plus troublé la paix jusqu'à la mort d'Henri II, survenue le 13 juillet 1024.

Par la situation de son comté, voisin de l'État d'Othe-Guillaume, Humbert aux Blanches-Mains se trouvait au premier rang pour la défense du Royaume avec l'archevêque de Lyon, à la conduite duquel il devait évidemment conformer la sienne. Burchard II avait eu d'abord à ménager le Grand Comte, que soutenaient vigoureusement, dans sa lutte contre le Roi de France, Brunon, évêque de Langres, son suffragant, dont Othe-Guillaume avait épousé la sœur, et Guillaume, abbé de Saint-Bénigne de Dijon, parent du même Othe-Guillaume, propagateur ardent et réformateur du monachisme en France et en Italie, grand ami de la toute-puissante congrégation de Cluni, dont l'abbaye-mère s'élevait dans la même province ecclésiastique de Lyon. La mort de Brunon, le 31 janvier 1015, fut une délivrance pour tous les adversaires du Grand Comte, car son successeur Lambert de Vignory était un partisan résolu du roi Robert, et ne tarda pas à livrer à celui-ci l'importante place de Dijon, sise dans son diocèse, tenue jusque là par le Grand Comte (2). Il s'entendit de plus avec Burchard II et le comte Humbert, de telle façon qu'Othe-Guillaume, surveillé et pressé sur toutes ses frontières par l'archevêque, l'évêque et le comte, par les vassaux et prélats alémans, dévoués à Rodolphe, entre autres par les Ottingen-Neuchâtel, par les évêques de Strasbourg et de Bâle, par Hugues, comte de Châlon et évêque d'Auxerre, par le comte de Nevers, son propre gendre Landry, qui l'avait abandonné, se vit comme cloué sur place et dans l'impossibilité de se mouvoir hors de son État sans se heurter à quelque ennemi. De là ses efforts, ses intrigues en 1016 pour détrôner ou entraîner le roi de Bourgogne, et toute la suite. L'accord entre les deux prélats, la Reine et le comte Humbert est constaté dans une charte du 8 avril 1022, dressée à Langres, par laquelle l'évêque Lambert, sur la demande de l'archevêque de Lyon, cédait en précaire au comte Humbert « leur ami », et à ses deux fils et héritiers, Amédée et l'évêque Burchard, le domaine d'Ambilly, au territoire de Genève, appartenant à son Église de Saint-Mammès, sauf dix manses retenus par la reine Hermengarde; le comte et ses deux fils donnant en compensation, comme « dot du précaire », leur Église de Cusy, au comté de

---

(1) Hermannus Contractus, Mon. Germ. Hist. Script. V, p. 119, ad an. 1020, ne parle que de Werner, « aidé de quelques Souabes, auxiliantibus quibusdam Suevis. »

(2) Ch. Pfister, Robert le Pieux, p. 263. — Ernest Petit, *Histoire des ducs de Bourgogne de la race capétienne*, t. I, p. 91 seqq.; Dijon, 1885, in 8°.

Genève, au pays d'Albens, qu'ils tiendraient cependant avec le bien donné en précaire leur vie durant moyennant trente sous de deniers de Langres à payer annuellement à la Saint-Mammès, les deux domaines devant revenir à Saint-Mammès après le décès des trois co-possesseurs, le comte et ses deux fils (1). Il s'agit, on le voit, d'un contrat analogue à celui de l'archevêque Thibaut avec l'évêque Odon, cité plus haut (2). Il n'est pas bien surprenant de trouver la famille d'Humbert Ier en possession de biens dans l'Albanais, à peu de distance d'Aix-les-Bains et de la Savoie ; il est plus remarquable de voir Humbert lui-même en grandes relations d'affaires avec la Reine, qui par son moyen acquiert ou se réserve une terre dans le voisinage de Genève : service qui assurément ne resta pas sans récompense. Burchard, puîné d'Amédée, est désigné ici comme évêque pour la première fois, apparemment à titre de coadjuteur et successeur présomptif de son oncle Anselme d'Aoste, qu'il avait remplacé certainement dès la fin de 1025.

Les hautes relations de notre Comte et de sa Maison, leur importance croissante dans l'État, se manifestent encore dans deux autres documents. C'est d'abord celui de 1018 (20 mars) auquel il a été fait allusion plus haut (3). Le 4 mars 996 un prêtre Marin avait donné au monastère de Romainmoutier (4), dépendant de Cluny, des biens sis à Bougel, au comté des Équestres (5), et cette donation avait été confirmée solennellement au plaid d'Eysins (6), en 1002. Elle ne s'exécuta pas néanmoins, et l'affaire pendait depuis vingt-deux ans, lorsque le Roi délégua le comte Humbert pour faire opérer le déguerpis-

---

(1) Ego I.. sancte lingonensis ecclesie... pontifex institutus... deprecatione B. lugdunensis archiepiscopi quamdam potestatem sancti Mammetis Ambiliacum dictam et in Genevensi territorio sitam cuidam nostro amico Humberto comiti et duobus heredibus filiis ejus quorum unus dicitur Amedeus et alter Burchardus episcopus per precarie donationem trado... exceptis decem mansis quos sibi detinet Ermengardis regina.... ea ratione ut ecclesiam sui juris quam possident in comitatu Genevensi et pago Albanensi quæ dicitur Cusca in dotem hujus precarie.... conferant ipsi cum precaria teneant et triginta solidos lingonensium denariorum singulis annis in die sancti mammetis persolvant... post obitum vero patris et filiorum potestas ipsa... cum ecclesia in dotem precarie data dominio sancti mammetis... restituatur. — Cibrario et Promis, op. cit. p. 97-99 du *Rapporto* préliminaire ; G. de Manteyer, les Orig. p. 375. — Ambilly, Haute Savoie, arrondissement de Saint-Julien, canton d'Annemasse ; Cusy, Haute-Savoie, arrondissement d'Annecy, canton d'Alby.

(2) Ci-dessus, p. 13 seqq.

(3) Ci-dessus p. 8.

(4) Canton de Vaud, entre Orbe et Vallorbe.

(5) Cibrario et Promis. p. 4-6.

(6) Ci-dessus, p. 12-13.

sement « dans ses mains » en faveur du couvent (1). Il serait fort possible que l'abbé de Cluny eût gagné Burchard de Lyon, la Reine et les Anselme, dont deux, l'évêque d'Aoste et son père, assistaient au plaid d'Eysins, dont un, avec un Burchard, signe la pièce de 1018, après « le seigneur comte Humbert, le comte Lambert » et d'autres personnages (2); et il était tout simple que les prélats du conseil royal eussent choisi leur allié pour s'assurer que le jugement de 1002 serait enfin exécuté. Quelle raison y a-t-il de prétendre pour cela qu'Humbert Ier exerçait la charge de comte du Palais (3), ou celle de comte des Equestres, quand il n'existe autrement aucune preuve de ces faits? Il était revêtu simplement d'une autorité spéciale et d'un mandat temporaire, comme il y en a d'autres exemples.

Le second document est une donation de Burchard de Saint-Genis, frère d'Humbert Ier, et de son fils Aimon, en juin 1023, à l'Eglise de Saint-André de Vienne, à laquelle ils cédaient l'Eglise de Saint-Genis, dite autrefois de Saint-André, « de notre propriété, porte cette charte, pour le salut de nos âmes, de celles de Nosseigneurs le seigneur roi Conrad, son fils le seigneur roi Rodolphe et la Dame reine Hermengarde, du seigneur Burchard, archevêque (de Vienne), du seigneur comte Humbert et de son épouse Ancilie, pour le salut aussi de mon père et de ma mère (que ne les nommait-il, hélas !) et de la comtesse Hermengarde ma femme... la dite église sise au comté de Belley, au pays et dans la localité de Saint-Genis, etc. (4) » On ne saurait douter que des liens étroits n'eussent uni tous les personnages énumérés ici, appelés à participer ensemble au bénéfice spirituel d'une largesse pieuse, selon la coutume d'alors

---

(1) Per manu umberti comiti vuirpivit. Le détenteur obtenait cependant quelques manses sa vie durant comme compensation. — Cibrario et Promis, p. 25-26; pour la géographie, de Manteyer, les Orig. p. 372-374.

(2) Signum domni Umberti comi (sic) qui presens fuit. Lambertus comes presens fuit... borcardus presens. Anselmus presens fuit. etc.— On ne doit pas conclure de ces seings que le Lambert qui prend seul le titre de comte après « le seigneur Humbert » ait tenu le comté des Equestres ; il était intéressé dans l'affaire, accompagnait Humbert ou lui était adjoint, voilà tout ce qu'on peut dire.

(3) V. plus loin.

(4) Ego... Burchardus et filius meus nomine Aymo donamus aliquid ex rebus nostris pro remedio animarum nostrarum. Seniorum nostrorum Domini Regis Gondradi, et filii ejus Domni Regis Rodulphi, et Dominæ Reginæ Ermengardis, Domnique Burchardi archiepiscopi, et Domni Humberti Comitis et uxoris ejus Hanchillæ, seu pro remedio patris et matris meæ, et Comitissæ Ermengardis uxoris meæ; hoc est Ecclesiam Beati Genesii, quæ olim fuit s. Andreæ... Est enim Ecclesia in comitatu Beliacensi, in Pago vel in villa S. Genesii, etc. — Guichemon, t. IV, Preuves, p. 7 ; U. Chevalier, Cartulaire de Saint-André-le-Bas, p. 154 ; de Manteyer, Les Orig. p. 503 seq. — Saint-Genis sur Guier, ch.-l. de canton, arrond. de Chambéry.

d'associer à de tels actes les parents et les alliés. On ne s'expliquerait pas autrement que les donateurs eussent placé dans cette liste le roi Conrad, mort depuis trente ans, (1) et l'archevêque de Vienne, sans mentionner nulle part même l'évêque de Belley, dont dépendait l'église de Saint-Genis. Et s'il existait un Humbert ou un Amédée comte de Belley, différents d'Humbert aux Blanches-Mains et de son fils aîné, comment ne sont-ils pas nommés ici quand il s'agit d'une affaire concernant leur propre comté ? Comment résoudre cette difficulté et les autres qui apparaissent ici, si l'on n'admet pas qu'Humbert aux Blanches-Mains était bien comte de Belley et allié par son mariage à l'archevêque de Vienne fils de sa belle-mère, celle-ci favorite du roi Conrad, dont le nom est rappelé par cette raison ?

On remarquera que Burchard de Saint-Genis, non comte lui-même, avait pour femme une comtesse, encore une Hermengarde, dont l'origine n'est pas mieux connue que celle de la reine son homonyme, probablement veuve d'un comte, et qui, en épousant pour « l'illustration » de sa race un homme d'un rang inférieur, ne voulant pas paraître avoir déchu, avait conservé dans l'usage et dans les actes son ancien titre de comtesse. On voit même, au douzième siècle, des filles de rois mariées à de simples comtes porter le titre de reines dans les chartes, usage qui plus tard se perdit.

II

Un immense ébranlement suivit la mort du dernier Empereur de la Maison de Saxe. L'aristocratie de ces temps, tout en plaçant en première ligne, comme principe de son obéissance, le choix et le serment personnels, admettait cependant la transmission héréditaire de l'autorité dans les Maisons des Princes, comme elle l'imposait pour elle-même à ses vassaux, sauf à reconnaître à chaque mutation, par un nouvel engagement, les droits du nouveau Prince ou du nouveau Seigneur : mais un changement de race était toujours un événement des plus graves et des plus dangereux pour un État, parce qu'on s'imaginait n'être lié qu'à la personne du chef accepté, qu'on était disposé, en vertu de la coutume établie, à admettre pour tel son fils ou son parent, et qu'on se jugeait libre en tout autre

-----

(1) Le fait avait déjà frappé le comte Xavier de Vignet, auteur d'un *Mémoire sur Humbert aux Blanches-Mains* inséré au t. III des *Mémoires de la Société Royale Académique de Savoie* (aujourd'hui Académie des Sciences, Belles-Lettres et Arts de Savoie), Chambéry, 1828. — Cité par Carutti, p. 95.

cas d'une manière absolue. Aussi Rodolphe III n'avait-il rien stipulé à l'égard du successeur d'Henri II, dernier de sa Maison, et à la mort de celui-ci il renia toute promesse au sujet de sa propre succession, remettant même la main sur Bâle (1). Les Italiens de nouveau cherchaient un roi, l'Allemagne s'agitait violemment ; les électeurs sentirent la nécessité de se hâter, et sans attendre les députés italiens (le royaume de Bourgogne n'en avait jamais fourni) se réunirent à Kamba, sur la rive droite du Rhin, en face d'Openheim, et proclamèrent roi un des deux comtes franconiens du nom de Conrad, cousins l'un de l'autre, qui se présentaient à leurs suffrages. Ce nouveau souverain était comme le précédent neveu de Rodolphe III, mais par alliance, à titre d'époux de Gisèle, fille de Gerberge, celle-ci étant née, ainsi que Rodolphe, de Conrad le Pacifique et de Mathilde de France. Peu instruit, mais énergique et sensé, Conrad II, dit le Salique, songea d'abord à s'établir en Allemagne. Il y réussit : un soulèvement qui s'était produit en Lorraine n'est pas de suites sérieuses. D'autre part, le roi de France Robert et le duc d'Aquitaine Guillaume V le Grand repoussèrent successivement l'offre qui leur était faite de la couronne d'Italie ; mais dans le royaume de Bourgogne Eudes II, comte de Blois, de Chartres et de Tours, commença dès lors, à ce qu'on suppose, à intriguer pour obtenir de succéder à Rodolphe III (2). Il était né de cette célèbre Berthe qui, devenue veuve d'Eudes Ier de Blois, avait épousé le roi Robert de France son parent, et avait dû s'en séparer par l'effet de l'anathème pontifical ; or, Berthe était la sœur germaine aînée de Gerberge, mère de la reine de Germanie Gisèle. Il est vrai que, dans le même ordre d'idées, Conrad II pouvait arguer de ce que son prédécesseur Henri II était fils d'une aînée même de Berthe, d'une autre Gisèle, née de la première épouse du Pacifique, Adélanie, et qu'il héritait de ses droits ; si ce n'est que ni lui ni les grands de Bourgogne ne s'arrêtaient à de telles raisons. Conrad entendait surtout maintenir les traditions et l'intégrité de l'Empire, « moissonner, comme dit son historien Wipo, le fruit des labeurs de son prédécesseur, soucieux d'augmenter plutôt que de diminuer son royaume (3) ». Les seigneurs bourguignons ne connaissaient que leur droit d'élection ; attachés à leur liberté et à l'indépendance nationale, ils repoussaient en

---

(1) On peut le conclure du moins du langage de Wipo, bourguignon du Royaume, chapelain et biographe de Conrad II. *Vita Chuonradi Imperatoris*, 8 ; Mon. Germ. Hist. Script. XI, ou id. in usum scholarum, p. 46. Hanovre, Hahn, 1853.

(2) Sur Eudes II et sa maison, v. le bel ouvrage de M. Ferd. Lot : *Etudes sur le règne de Hugues Capet et la fin du Xe siècle*, Paris, Bouillon, 1903. Eudes venait déjà de revendiquer en France, vers 1023, les comtés de Troyes et de Meaux.

(3) Chuonradus autem rex magis augere quam minuere Regnum intentus, antecessoris sui labores metere volens... Wipo, loc. cit.

majorité le monarque germain. Cette grave question paraît avoir causé dès ce moment des dissentiments même dans l'entourage royal. L'archevêque de Lyon Burchard II, entraîné par ses intérêts, par la lutte qu'il soutenait dans Lyon même contre les comtes et les partisans de l'Empire, par les sympathies de ses comprovinciaux français, se tourna contre Conrad, et cessa d'exercer, volontairement ou non, son office d'archichancelier du Royaume. Le comte Humbert au contraire resta le plus fidèle et le plus ferme champion de la cause impériale, de concert certainement avec la reine Hermengarde.

L'Allemagne devenue plus tranquille, Conrad II vint célébrer la Pentecôte à Constance (6 juin 1025). Il commença là à s'occuper sérieusement des affaires de Bourgogne et d'Italie. Il y reçut le serment d'une bonne partie des seigneurs italiens, qui avaient passé les monts avec Héribert, archevêque de Milan ; celui-ci s'engagea à le faire roi dès qu'il paraîtrait en Italie avec une armée (1) ; d'autres se présentèrent à Zurich. Le 23 juin Conrad était à Bâle : il replaça la ville entièrement sous son autorité, y établit un évêque, y tint une assemblée, occupa fortement les pays bourguignons voisins, sans se soucier des réclamations de Rodolphe III, « pour surveiller la façon dont il remplirait ses engagements (2) ». Le biographe bourguignon Wipo, grand admirateur de la reine Gisèle, sa compatriote, à laquelle il prête toutes les vertus, lui rapporte aussi le mérite d'avoir réconcilié par la suite les rois de Germanie et de Bourgogne ; il est clair qu'Hermengarde et le comte Humbert eurent quelque part dans ce résultat. C'est précisément après l'apparition de Conrad dans le Royaume que nous trouvons notre comte en possession du comté d'Aoste, c'est-à-dire du premier poste stratégique du pays, de la clef des passages entre la Bourgogne et l'Italie ; et, chose remarquable, son fils Burchard paraît en même temps à ses côtés comme évêque d'Aoste à la place d'Anselme II : les deux faits sont constatés par deux chartes en date du 19 octobre et du 16 novembre 1025 (3). Le

____

(1) Arnulfi *Gesta Archiepiscoporum Mediolanensium*. Mon. Germ. Hist. Script. VIII. p. 12.

(2) *Ut animadverteret si rex Ruodulfus promissa attenderet.* — Wipo, loc. cit.

(3) Les dates de ces pièces me paraissent établies inexactement par M. de Manteyer, qui met la première en 1024 et la seconde en 1025. Elles sont toutes deux de la trente-deuxième année du règne de Rodolphe III, ou de 1025, Conrad le Pacifique étant décédé le 18 novembre 993 (ci-dessus, p. 20 et n. 1) ; du reste très probablement, M. de Manteyer le remarque lui-même. Anselme II vivait encore en 1025 (les Orig. p. 375 seqq.). Par la première, publiée sur l'original par Cibrario et Promis, p. 100-101 de leur Rapporto, « le seigneur Burchard, évêque » échange « des terres de Saint-Ours (d'Aoste) sises en Italie contre d'autres d'un certain Katelmus, dans le val d'Aoste : le seing de l'évêque est suivi de celui « du seigneur comte Humbert, qui a signé cet échange ; Signum domnus Umbertus comes qui hanc com-

père suivit-il le fils, ou le fils le père dans la vallée ? Il semble qu'on doive admettre de préférence la première opinion. Le pouvoir comtal paraît avoir été le plus souvent uni au pouvoir épiscopal dans ce pays (1), où l'on ne cite qu'un seul comte laïque avant Humbert aux Blanches-Mains : Adalbert d'Ivrée, fils du roi Bérenger et père d'Othe-Guillaume, entre 960 et 969 (2). Un évêque, un abbé pouvaient exercer et exerçaient très fréquemment l'autorité comtale comme une extension de leur justice propre, de leur privilège dit l'*immunité* ou l'*exemption* : en principe, ils n'étaient jamais comtes, on pouvait toujours légalement établir un comte laïque à côté d'eux (3). C'est ce qui

---

mutacionem firmavit ». La seconde charte, dressée à Aoste comme la première par le même secrétaire, est plus explicite encore. Cette fois c'est « le seigneur Humbert comte » lui-même, « donnus Ubertus comes », qui avec « le seigneur Burchard, évêque, donnus Brocardus episcopus », échange « une terre de Saint-Jean (d'Aoste) et du comté, de terrâ s. Johannis et de Commitatu » contre une autre qu'un certain Frecio donne de même « à Saint-Jean et au Comté, à parte s. Johannis et à Comitatu ». Le comte Humbert signe le premier, comme « auteur de l'échange, qui hanc commutationem fecit », et l'évêque le dernier, après les quatre estimateurs, les témoins et la date. — Hist. Patr. Mon. Chart. II col. 115, sous la date fausse du 18 décembre. M. Carutti e reproduit les deux pièces, la deuxième d'après une nouvelle collation, sous leurs vraies dates, p. 186-188. Pour la géographie, de Manteyer, loc. cit.

(1) Un des derniers historiens du Val d'Aoste, M. Tancredi Tibaldi, présume que ce pays était anciennement gouverné par l'évêque assisté d'un Conseil de bourgeois ou de citoyens (*Storia della Valle d'Aosta*, t. II, p. 97, Turin, Roux, 1902, in-12 ou in-18).

(2) Adalbertus, comes istius civitatis, filius Berengarii regis. — Charte de Gézon, évêque d'Aoste, éditée par l'abbé Besson. Mémoires etc. Preuves n° III, p. 479 bis, et dans une foule d'ouvrages et de recueils. Elle a donné lieu à d'interminables débats entre les savants jusqu'à nos jours. M. Franç. Labruzzi a soutenu récemment (op. cit. chap. VII. et arbre généalogique. p. 332-333), que le roi Bérenger II avait eu deux fils de ce nom, l'un qui fut roi, père d'Othe-Guillaume, l'autre qui fut comte d'Aoste, père d'Humbert aux Blanches-Mains.

(3) C'était du moins la théorie des Empereurs et des chefs du pouvoir civil. M. B. de Vesme cite cependant un cas où les Empereurs, au XII° siècle, ayant voulu établir un comte à Ivrée, où l'évêque avait juridiction de comte, en furent empêchés par les habitants ; mais il y avait de la part de ceux-ci des motifs spéciaux (*Studi Eporediesi*, vol. VII de la Biblioth. d. Soc. di Stor. subalp., p. 11 n. ; Pignerol, 1900). En ce qui regarde le Val d'Aoste, il existe une charte de « l'évêque et comte » Anselme Iᵉʳ en 923 (Hist. Patr. Mon. Chart. II col. 28) qu'on a rapportée aussi à l'année 1023. La première date semble devoir être adoptée de préférence ; M. F. G. Frutaz déclare (dans la *Rivista storica italiana*, octobre-décembre 1904, p. 392) avoir lu dans l'original la date DCCCCXXIII, ne pouvant donner lieu, dit-il, à aucune équivoque ; mais il faut convenir que si le document était d'un siècle plus tard et émanait d'Anselme II, rien ne serait plus naturel que de supposer que, celui-ci mort, son successeur Burchard de Savoie abdiqua le pouvoir et le titre en faveur de son père.

se produisit alors dans l'Aoste : le pouvoir de l'évêque fut
dédoublé, et le comté attribué à la Maison de Savoie en même
temps que l'évêché, sans doute par une précaution de la Cour
royale de Bourgogne suggérée à son faible chef, car il n'est
guère permis de soupçonner déjà ici l'influence de celle de
Germanie.

En mars 1026 Conrad II, descendu des Alpes, était couronné
roi d'Italie à Milan par l'archevêque, sans élection. Mais une
bonne partie du pays était en armes contre lui, interceptant le
chemin de Rome. Pavie s'obstina pendant un an à lui fermer
ses portes ; plusieurs marquis et comtes, lombards et toscans,
appuyaient cette résistance. En vain, le Prince germain tenta
d'atteindre Rome par la grande route de l'Est, de Milan sur
Bologne, Ravenne et l'Adriatique ; une sédition terrible, qui
éclata à Ravenne à son passage, des chaleurs anormales, l'engagèrent à rétrograder vers les lieux frais et les montagnes du
Nord. Il reprit la campagne en automne, arriva devant Ivrée,
l'assiégea, l'enleva. Comme il y célébrait la Noël, il vit venir à
lui des députés de Rodolphe III, lui annonçant que leur maître
se rendrait à Rome pour assister à son couronnement. Peut-être
est-ce alors qu'il entra en relations directes avec le comte
Humbert. Le comté d'Aoste s'étendait en aval du pas de Bard
jusqu'au delà de Carema, localité incluse aujourd'hui dans
l'arrondissement d'Ivrée, et la noblesse valdôtaine commandait
la vallée de la Doire par ses châteaux jusqu'aux portes de cette
ville (1) : quoi de plus simple que le comte d'Aoste, chef du
parti impérial en Bourgogne, ait paru à cette Cour de la Noël
tenue si près de lui, Cour toujours solennelle, où les princes,
les seigneurs apportaient leurs hommages, prenaient leurs
engagements ? La Chronique du Canavais (2) raconte que
Conrad II ordonna à Ivrée des mesures pour assurer la liberté
du passage du grand Saint-Bernard (3), que les gens d'Ivrée
interdisaient autant qu'il leur était possible à leurs ennemis,
c'est-à-dire aux partisans du Roi ; on avait vu dans l'été précédent Brunon d'Eguisheim, cousin de Conrad II, le futur pape
Léon IX, comme il se rendait par Aoste de l'Italie à Toul, dont
il avait reçu l'évêché, attendu et guetté sur cette route, et
n'échappant que par un stratagème (4). Le comte lui-même

---

(1) Giuseppe Giacosa, *I castelli valdostani e canavesani*, p. 7 : Turin.
Roux, 1898, illustré.

(2) Le Canavais, ainsi appelé d'une localité de *Canera*, très anciennement disparue, comprenait, dans son sens le plus large, la région
s'étendant entre le Pô, les Alpes et les deux Doires, et même jusqu'au
Pô supérieur.

(3) T. Tibaldi, op. cit. t. II. p. 145-146.

(4) Viberti *Vita Brunonis*. liv. I. 10 ; Muratori, Rerum Italicarum
Scriptores, t. III : ou les Bollandistes au 19 avril ; Ferd. Gabotto : *Un
millennio di storia eporediese*, p. 35-36, dans *Eporediensia*, t. IV de la
Bibl. d. Soc. stor. subalp., Pignerol, 1900. C'est ce passage de Vibert
qui montre que Carema était dans l'Aoste.

devait craindre de telles embûches ; il était du reste le possesseur des passages, et l'exécuteur désigné d'arrangements qui les concernaient : tout donne à penser que Conrad s'entendit avec lui à ce sujet.

Après avoir contraint à la soumission les Pavesans et Régnier, marquis de Toscane, Conrad II parut enfin devant Rome. Deux souverains joignirent le cortège pour l'entrée dans la Ville, l'un, Rodolphe III, en vassal craintif, l'autre, Canut-le-Grand, roi d'Angleterre et de Danemark, en pèlerin magnifique et en négociateur intéressé. Conrad II et Gisèle reçurent la couronne impériale des mains du pape Jean XIX le jour de Pâques, 26 mars 1027. Les fêtes malheureusement ne se terminèrent pas sans leur accompagnement habituel de sanglantes querelles entre Germains et Romains. La paix se rétablit, mais le nouvel Auguste évita de prolonger son séjour dans Rome. Il y tint alors avec le Pontife de véritables grandes assises de la chrétienté, « une assemblée, écrivait Canut lui-même, d'illustres personnages, venus des pays s'étendant du mont Gargano à la mer qui nous environne (1) ». La question des barrières (clausuræ) et des taxes (telonium) qui gênaient les marchands et les voyageurs allant en Italie, spécialement les pèlerins anglais, fort nombreux, fut reprise et réglée par une des plus anciennes conventions commerciales du Moyen Age. Canut obtint de l'Empereur, du roi Rodolphe, « maître principal des passages fermés (2) », de tous les Princes présents, qui s'engagèrent à le confirmer par leurs édits, que les hommes de ses États, marchands ou voyageurs, pussent aller à Rome et en revenir sans payer de taxes (3). D'autres affaires apparemment furent agitées entre le pape, l'Empereur et Rodolphe III, celle de la succession de Bourgogne par exemple ; alors peut-être furent posées les bases du traité formel conclu à Bâle quelques mois plus tard. On imaginera sans peine qu'Humbert Ier se trouvait à Rome aux côtés du roi Rodolphe : un témoignage positif nous y fait voir un autre Humbert, l'évêque de Valence, de la Maison d'Albon, en compagnie de son frère Guigues V et de l'épouse de celui-ci Gottalena (4), et notre comte avait assurément de plus

---

(1) Lettre de Canut au peuple anglais ; Chronique de Guillaume de Malmesbury. liv. II, II. Extraite dans D. Bouquet, t. X. Arnoulf de Milan dit de même : Factus est ingens Romæ conventus diversarum undique gentium, episcoporum quoque ac sæcularium principum, præsidente domno papâ Johanne. Mon. Germ. Hist. Script. VIII, p. 12.

(2) Rodulphus, qui maximè ipsarum clausurarum dominator....

(3) Henri de Huntingdon (Historiarum. lib. VI) dit que le roi racheta seulement la moitié des tonlieux et taxes de passage. datâ pecuniâ suâ telonea vel transversa diminui fecit usque ad mediatatem. La liberté complète de la circulation promise à Canut, absolument contraire aux mœurs du Moyen-Age, surtout en ce qui regardait les négociants, ne dut donc pas être observée longtemps.

(4) A. de Terrebasse, Notice sur les Dauphins de Viennois, p. 38 seqq.: il traduit le document. En ce qui regarde la série des Guigues, je suis encore ici l'opinion de M. F. Gabotto (ci-dessus. p. 17, n. 1).

fortes raisons de faire le voyage. De toute manière cependant les vieilles Chroniques de Savoie altèrent les faits lorsqu'elles prétendent que l'Empereur manda à Rome le comte Humbert et l'y investit solennellement du comté de Maurienne (1), scène que rappelle encore aujourd'hui un bas-relief de marbre incrusté dans le mur au-dessus du tombeau dit d'Humbert aux Blanches-Mains à Saint-Jean de Maurienne. Il y a une bonne raison pour que Conrad II n'ait pu faire venir le comte à Rome : c'est que lui-même n'y resta que huit jours ; il partit le dimanche après Pâques (2). Et puis l'Empereur n'était pas roi de Bourgogne, il n'avait même pas traité encore avec Rodolphe III ; il ne se fût point permis de convoquer les vassaux de ce Prince, vassaux dont il n'avait pas reçu le serment, ni à plus forte raison de conférer directement à l'un d'eux un comté du Royaume : le Roi était l'intermédiaire indispensable, aussi longtemps qu'il n'aurait pas abdiqué dans ses mains. Le comte de Toulouse n'était point roi ; cependant le roi de France n'eût jamais disposé d'un de ses comtés pour un favori.

Après une expédition dans le Midi de la Péninsule, Conrad II revint en Allemagne calmer de nouveaux mouvements ; une fois rassuré il gagna Bâle, pour y régler définitivement l'affaire de la Succession. Le bourg de Muttenz, près de cette ville (3), fut témoin de la rencontre des deux monarques. L'entrevue fut cordiale ; l'Impératrice Gisèle, son fils Henri, prirent part à la conférence. Le pacte conclu sous Henri le Saint fut renouvelé : Conrad, et à son défaut Henri, son successeur présomptif, devaient hériter du Royaume. Les paroles échangées, l'Empereur, l'Impératrice et leur fils conduisirent solennellement le vieux roi dans la ville, où la mémoire de ces événements subsiste encore (4). On présume que ce traité fut conclu vers le mois de septembre 1027 (5) : or le 20 du même mois le plus dangereux ennemi de l'Empire en Bourgogne, le Grand Comte Othe-Guillaume, disparaissait, et il n'y eut aucun trouble pour cet accord final, à notre connaissance du moins ; Rodolphe III acheva à peu près tranquillement son misérable règne.

---

(1) Hist. Patr. Mon. Script. I, col. 81 ; l'auteur met Henri II à la place de Conrad II ; *Chronica latina*, id., col. 600.

(2) *Vie de saint Gothard*, évêque d'Hildesheim ; Surius, III, 4 mai.

(3) A cinq kilomètres au sud-est, canton de Bâle-Campagne.

(4) Ce serait l'origine du nom de l'hôtel des *Trois-Rois*, le plus ancien de l'Europe, prétend-on.

(5) L'éditeur de Wipo dans les Mon. Germ. Hist. (p. 54 de l'éd. in usum scholarum) place au mois d'août le voyage de Conrad II en Alémanie, d'où il vint à Bâle ; selon l'éditeur de Sigebert de Gembloux dans la même collection, Script. VI, p. 357, le traité serait du mois de juillet ; ce qui, à mon avis, est moins probable. Il faut noter la réflexion de Sigebert à ce propos : « C'est ainsi que la Bourgogne fut de nouveau réduite en province : sicque Burgundia iterum redacta est in provinciam. » On connaît la théorie des clercs du moyen-âge sur la perpétuité de l'Empire.

Les progrès de l'opulence et de la puissance des Maisons nobles se manifestaient en ce temps par des fondations religieuses, qui, en dehors des satisfactions de la piété, leur procuraient de nombreux et considérables avantages. Assez modestes cependant étaient les établissements de ce genre dans lesquels paraissent d'abord, aux environs de l'an 1030, les membres de la Maison humbertienne, et dont ils devaient hériter. Dans la Savoie propre, entre le 19 août 1031 et le 6 septembre 1032 (1), Rodolphe III et Hermengarde fondèrent le prieuré de Lémenc près Chambéry, à l'emplacement d'un couvent plus ancien, établi en 546 par des moines de l'abbaye lyonnaise de Saint-Martin d'Ainay ; ce fut donc à cette abbaye que fut rattaché le nouvel Institut. Les seings du Roi et de la Reine sont suivis immédiatement, dans l'acte, de ceux d'Humbert, comte ; d'Odon (peut-être le fils cadet d'Humbert) ; du nouveau primat de Vienne Léodegaire (saint Léger) ; du prévôt (du Chapitre) de la ville de Vienne, Artaud ; du seigneur Hugues.... de la même ville (le titre de la dignité manque) ; de Geoffroy de Chambéry (fils de Hugues, premier auteur connu de l'ancienne Maison des sires de Chambéry) ; et d'autres. (2) Humbert Ier signe ici non comme comte du pays, le pouvoir comtal étant supprimé dans un domaine royal, mais comme témoin important, intéressé, peut-être même à titre d'administrateur de ces domaines pour la reine Hermengarde, à laquelle ils appartenaient (3), et dont, nous le savons, il fut l'avoué (4).

On ne possède de l'acte de dotation du prieuré de la Burbanche en Bugey (5), érigé en faveur des moines de Savigny (6), qu'une de ces notices abrégées qui remplaçaient les pièces originales pour les besoins des couvents, sans date ni signatures. Douze personnages réunis à l'occasion de la consécration de l'église, selon la coutume, déterminent le territoire attribué à l'Établissement, « en présence d'Aimon, évêque de Belley, par-devant le seigneur comte Humbert, son fils Amédée, et nombre d'autres personnes nobles (7). » Nous avons ici un indice de la transmission du comté de Belley par Humbert à son fils aîné, puisque celui-ci est associé au comte son père dans le

---

(1) De Manteyer, les Orig. p. 381 et 433.

(2) S. Umberii comitis ; S. Oddonis ; S. Leodegarii, Primatis egregii ; S. Artaldi, Viennensis urbis præpositi ; S. domni Hugonis, ejusdem urbis....; S. Witfridi de Camberiaco, etc. — Guichenon, Hist. Généal. t. IV, Preuves p. 4-5.

(3) V. ci-dessus, p. 18.

(4) V. plus loin.

(5) Ain, arrond. de Belley, canton de Virieu-le-Grand.

(6) Saint-Martin de Savigny, abbaye bénédictine, à 26 kilom. au nord-ouest de Lyon.

(7) In præsentiâ Episcopi Aymonis Belicensis et ante Dominum Humbertum comitem et filium ejus Amedeum et alios complures nobiles. — Aug. Bernard, Cart. de Savigny, p. 351 ; pour la géographie, de Manteyer, les Orig. p. 392 et seqq., et Aug. Bernard, loc. cit.

corps de l'acte comme prenant une part effective à la fondation;
ce qui marque de plus qu'eux seuls et non pas d'autres avaient
autorité comtale dans le pays. Aimon, fils d'Amédée et petit-fils
d'Humbert, était déjà évêque en 1032(1); l'acte doit être de cette
date ou à peu près : on manque de données précises. On obser-
vera qu'Aimon était forcément très-jeune alors : ce qui ne produit pas de difficulté sérieuse, vu les mœurs du temps, quand
il s'agissait d'une Maison de haute noblesse protégée par le
Souverain. Ce document met en peine encore une fois les partisans du système des deux branches ; car à quel titre Humbert
aux Blanches-Mains et son fils remplacent-ils le comte du pays?
M. Carutti est contraint de l'avouer : « Ou Humbert exerçait ici
l'autorité comtale, ou il y représentait la personne du Roi.
Beaucoup affirment qu'Humbert Ier ne fut point comte du
Bugey, mais le document présent pourrait peut-être en faire
douter (2). » En effet une mission extraordinaire ne se comprend pas bien quand il n'est pas question d'une fondation
royale, et M. Carutti nie sa propre doctrine, le comte de Bugey
et le comte de Belley étant tout un, sans conteste.

C'est encore pour des moines de Savigny que fut institué par
la reine Hermengarde le prieuré de Talloires, sur la rive orien-
tale du lac d'Annecy, entre le 19 août 1031 et le 6 septembre
1032 probablement (3), à la suite d'un projet arrêté précédemment par elle avec les deux Burchard de Lyon et de Vienne (4).
La Reine affecta à l'entretien des religieux diverses localités
dans le voisinage du lac, s'en réservant trois sa vie durant, « par
la permission, dit-elle, de mon Seigneur Rodolphe, de l'avis des
archevêques et évêques suivants : Léger de Vienne, Emmon (ou
Aimon) de Tarentaise, Frédéric de Genève, Pons de Valence,
du comte Humbert et d'autres de nos fidèles, venus au même lieu
pour la dédicace de l'église (5) ». Humbert Ier est cité, seul des
seigneurs laïques, à titre de conseiller spécial de la Reine, les
termes de l'acte l'indiquent ; l'Albanais, auquel appartenaient
tous les domaines énumérés (in pago Albanense), était réuni au
comté de Génevois : seulement Humbert y avait, nous l'avons

---

(1) V. les pièces citées par Ed. Philipon. Les Orig., p. 75-76.

(2) Umberto o vi esercitava autorità comitale, o vi rappresentava la
persona del re. Molti affermano che Umberto I non fu mai conte del
Bugey, ma il documento presente potrebbe forse farne dubitare. P. 99.

(3) Mêmes dates que celles de la fondation de Lémenc, par les mêmes
raisons. De Manteyer, Les Orig. p. 390, n. 1.

(4) Ceci résulte d'une pièce du Cart. de Savigny, p. 317 ; Hist. Patr.
Mon. Chart. II, col. 184.

(5) Ex permissione Senioris mei Rodulphi, et per consilium archiepiscoporum et episcoporum scilicet Leodegarii Viennensis et Emmonis
Tarentasii et Frederici Genavensis et Pontii Valentini et *Comitis
Umberti* et aliorum qui ibidem convenerunt fidelium nostrorum et in
dedicatione Ecclesiæ, etc. — Cart. de Savigny, p. 318 (mal daté de
1037); Guichenon. Preuves, p. 3-4.

vu, des intérêts personnels, et servait d'intendant ou d'homme d'affaires à la Reine dans ces parties (1). Remarquons qu'il est placé seulement à la tête des vassaux royaux, sans indication de parenté avec le Roi ni avec la Reine : il pouvait être leur allié, il n'était certainement pas de leur agnation. Plus tard, retirée à Vienne, Hermengarde paraît avoir cessé toute relation avec la famille humbertienne, qu'elle ne mentionne plus même dans des actes relatifs au pagellus de Savoie (2).

La fondation particulière de notre Maison est le prieuré du Bourget, au sud du lac de ce nom, qu'on appelait alors lac de Châtillon. Quelques moines de Cluny étant venus se fixer à Maltacène, aujourd'hui le hameau de Matassine ou Matassinaz, tout près du Bourget, « le comte Humbert » et ses trois fils présents, Amédée, Aimon et Odon, leur attribuèrent des biens « de leur domaine de famille (de nostra hæreditate) » sis en partie dans le comté de Belley, au revers occidental du Mont du Chat (in pago Bellicensi sub monte), en partie dans le comté de Savoie, à Matassine et aux environs ; libéralités auxquelles d'autres personnes nommées à la suite dans l'acte ajoutèrent des parties de leur avoir (3). Dans les signatures Humbert ne prend pas le titre de comte, bien qu'il le porte dans le texte de la donation ; de plus aux mots « de notre domaine de famille » il ne joint pas ceux-ci « et de notre comté » ; et on en conclut qu'il n'était pas comte de Savoie-Belley, attendu que si les biens dénommés eussent été de ses comtés il l'eût dit, comme il avait fait pour l'Aoste (4) Pauvre argument, qu'un autre document va renverser. Il existe en effet un second acte complétant le premier, émané des mêmes auteurs, en présence des personnes qui s'étaient associées à la précédente donation et qui maintenant deviennent témoins : « Moi Humbert comte, porte cette charte, et mes fils Amédée, Aimon et Odon.... accroissant de nouveaux bénéfices ceux que nous avons déjà conférés à l'Eglise de Maltacène, donnons.... pour l'entretien des frères vivant en ce lieu, le manse de Bernard avec toutes ses dépendances.... parmi lesquelles nommément et sans aucune réserve une écluse pour prendre les poissons établie

---

(1) Ci-dessus, p. 24.

(2 Dans ceux par exemple qui ont été cités plus haut. p. 19, n. 1.

(3) Guichenon. Preuves. p. 5, des Archives du prieuré du Bourget. Le comté de Savoie n'est pas nommé, mais l'opposition des termes : in pago Bellicensi...; et in Maltacena, indiquerait déjà que Maltacène n'était point du comté de Belley et appartenait à celui de Savoie, si nous ne le savions positivement par ailleurs. V. le chanoine Ducis. La Sapaudia, etc.. p. 39, 40 et n. 3; J. J. Vernier. Dictionnaire, p. 48. Hæreditas signifie non pas seulement les biens dont on a hérité de père en fils, mais toutes « les propriétés de famille », acquises par succession ou autrement, comme a traduit exactement l'abbé Ducis (loc. cit.) et comme l'a démontré M. Franç. Labruzzi, La Monarchia etc.. p. 175-176. — V. ci-dessus, p. 15.

(4) Carutti, p. 98. Ci-dessus p. 28 n. 3.

dans le cours d'eau appelé la Leysse, et ce cours d'eau lui-même jusqu'à son entrée dans le lac.... Et nous défendons qu'aucun de nos hommes *ou de ceux d'un autre* jette un engin dans l'écluse susdite et dans tout le cours d'eau de l'écluse au lac, ou se permette d'y prendre du poisson sans l'ordre ou l'autorisation des moines. Signé : Humbert, comte, Amédée, Aimon, Odon, ses fils. Ce don a été fait.... en présence de plusieurs personnes nobles dont nous avons écrit les noms ci-dessous » ; et ces noms sont ceux des co-donateurs de la pièce précédente. (1) Que veut-on de plus ? Humbert avec ses fils, sans l'intervention de qui que ce soit, fonde un Établissement religieux, dispose de biens de famille, dirige et emploie la noblesse, exerce des droits publics tels que ceux de pêche et de police des cours d'eau, prononce des prohibitions absolues, parle et signe comme comte au pagellus de Savoie : comment encore une fois, s'il n'en était pas comte, remplace-t-il absolument celui qui l'était ? Les deux documents ne sont point datés ; ils sont apparemment d'avant 1030. Amédée ne portant pas encore le titre comtal qu'il prend dans un acte de cette année ; et peut-être d'après 1025, Burchard, le puiné d'Humbert, qui ne paraît pas ici, étant sans doute dans son évêché d'Aoste (2).

A une date également inconnue, Humbert et ses fils signèrent une donation faite à Cluny pour les mêmes moines (le document a été trouvé dans les archives du prieuré), par un Aimon « commandant la milice séculière de Pierreforte », qui cédait à l'abbaye son village de Monterminod, près Chambéry, « au pagus de Grenoble, au comté de Savoie ». La pièce, fort brève, dénuée de formules, porte les seings « d'Humbert, comte, d'Amédée son fils, de Burchard, d'Odon, d'Aimon (les trois autres fils d'Humbert apparemment) de Geoffroy (de Chambéry), d'Aimon auteur de cette donation et testament (3) ». Le lieu où

----

(1) Ego igitur Humbertus comes et filii mei Amadeus, Aymo et Oddo... beneficia quæ jam Ecclesiæ Maltacenæ contulimus aliis beneficiis augmentamus. Donamus... ad sustentationem fratrum apud Maltacenam degentium mansum Bernardi cum omnibus appenditiis suis... inter quæ nominatim et sine omni retentione donamus Exclusam ad capiendos pisces factam et in aqua quæ appellatur Lisia positam, et eamdem aquam sicut intrat in lacum... Prohibemus quoque ne aliquis homo noster *nec alterius* in supradicta Exclusa neque in tota aqua sicut ab Exclusa in lacum defluit ingenium mittat, aut piscem sine monachorum jussu vel consensu capere audeat. S. Humberti comitis, S. Amedei, S. Aymonis, S. Oddonis, filiorum ejus. Actum est hoc donum... in præsentia quorumdam Nobilium quorum nomina subscribsimus.— Guichenon, Preuves, p. 6, des Archives du Bourget.

(2) Ci-dessus, p. 28.

(3) Ego Aymo Petræfortis sæcularem militiam gerens... trado sancto Cœnobio Cluniacensi... villam meam quæ est sita in Pago Gratianopolitano, in Comitatu Savogensi, cui nomen est Mons Ermenoldi... S. Umberti comitis, S. Amedei filii ejus, S. Burcardi, S. Oddonis, S. Aymonis, S. Guiffredi, S. Aymonis, qui donum fecit et testamentum. — Guichenon, Preuves, p. 5.

se trouvaient les moines n'est point indiqué ; Amédée n'est point appelé comte ni Burchard évêque ; ce don pourrait avoir précédé ceux dont on vient de parler. Qui était cet Aimon ? On songe naturellement au neveu d'Humbert Ier, fils de son frère Burchard de Saint-Genis : mais Monterminod est fort loin de Saint-Genis, à l'est de Chambéry, au sud de la montagne du Nivolet, dans une tout autre région. Ce lieu devait dépendre plutôt de la Maison de Chambéry, et je reconnaîtrais volontiers ici un frère de Geoffroy de Chambéry du nom d'Aimon, qui plus tard se fit moine et disposa de biens considérables dans ces mêmes environs (1). C'était alors un officier royal, commandant une place d'un nom dont l'identification paraît impossible aujourd'hui, certainement importante ; et sa famille, directement vassale du Roi puisqu'elle occupait des terres royales, était encore opulente et puissante. Humbert signe ici sans doute à titre de comte du pays où se trouvaient les moines, comme leur protecteur, et avec ses quatre fils, selon la coutume des gens d'Eglise d'exiger toutes les garanties possibles des dispositions prises en leur faveur.

Ce fut son fils aîné Amédée qui, devenu comte, installa les moines de Maltacène dans la localité du Bourget et leur en attribua l'Eglise de Saint-Maurice, dont leur Institut prit le nom : deux documents le constatent, d'abord un acte refait au douzième siècle, et que nous ne possédons que sous cette seconde forme, puis une bulle du pape Etienne IX en 1057. La première de ces pièces, en date du 22 octobre 1030, porte approbation de ce don « d'Amédée fils du comte Humbert, et de sa femme Adèle », par « le seigneur Mallenus, évêque de Grenoble, l'évêque Humbert (de Valence, cousin de Mallenus), et tout le Chapitre de Grenoble ». Les signatures sont celles « d'Humbert, comte ; d'Ancilia, sa femme ; d'Amédée, comte ; d'Adèle, sa femme » ; puis celles du roi Rodolphe et de la reine Hermengarde, demandées postérieurement dans une Cour royale ; enfin celles d'un Odon et d'un Anselme (2). Amédée ne prend le titre comtal que dans la signature : ce qui ne semble pas un motif suffisant de présumer, comme on l'a fait (3), une interpolation. Qu'y a-t-il d'étonnant à ce qu'Humbert Ier, devenu comte

(1) V. plus loin.

(2) Ego Amedeus filius Uberti Comitis et Adaelsida uxor mea hanc cartam donationis fieri jussimus de Ecclesia S. Mauricii quae est sita in pago qui vocatur Maltacena... permictente et confirmante domino Malleno Episcopo Gratianopolitanae Ecclesiae seu Umberto Episcopo et omnibus Canonicis ejusdem Civitatis... S. Uberti Comitis ; S. Anciliae uxoris ejus ; S. Amedei Comitis ; S. Adilae uxoris ejus. Hii et hae hanc donationem fecerunt et cartam fieri jusserunt et in praesenti in curia Regis firmari rogaverunt. S. Rodulfi Regis ; S. Reginae Ermengardis ; S. Oddonis ; S. Antelmi. — Des Archives royales ; Guichenon, Preuves, p. 8 ; Hist. Patr. Mon. Chart. I col. 490 ; de Manteyer, Les Orig. p. 380 et n. 2.

(3) Fr. Labruzzi, p. 92-93 et 177.

d'Aoste, occupé d'autres affaires, ait fait passer à son fils aîné dès cette époque le comté de Savoie-Belley, qu'on voit effectivement tenu plus tard par le même Amédée? La bulle d'Etienne IX est une confirmation des possessions de Cluny, dans lesquelles est rangée « la celle du Bourget, abandonnée à Dieu par le *comte Amédée* (ces mots éloignent encore l'idée d'une interpolation dans la pièce qui précède) de l'approbation de ses frères, savoir Burchard et Odon (1). D'où il résulte, si l'on veut absolument distinguer Amédée comte de Savoie-Belley d'Amédée fils d'Humbert aux Blanches-Mains, que l'autre Humbert, père du premier Amédée, avait trois fils portant les mêmes noms que trois des fils d'Humbert aux Blanches-Mains : coïncidence que M. Carutti lui-même ne peut s'empêcher de trouver singulière (2); et en outre on ne sait que faire ni de Burchard fils d'Humbert aux Blanches-Mains, ni d'Odon fils de l'autre Humbert, dont aucun monument contemporain ne révèle l'existence en dehors des chartes où leurs noms seraient cités, prétend-on.

Les actes mentionnent encore deux donations du « comte Amédée » et de sa femme Adèle à Cluny pour leur prieuré, l'une d'un manse à Mallacène « dans leur comté.... pour le salut de leurs âmes et le repos de celle de leur fils Humbert » décédé, sans date, mais postérieure au 22 octobre 1030, puisqu'elle est faite en faveur des moines « de Saint-Maurice » (3) ; l'autre « d'une terre... de leurs biens familiaux au comté de Belley », aussi non datée (4). La comparaison de ces deux pièces prouve une fois de plus que le pagus de Belley et le pagellus de Savoie ne formaient qu'un comté.

Les historiens de Savoie, à la suite du baron suisse Gingins la Sarra dans son Mémoire sur l'origine de cette Maison (5), assurent qu'Humbert aux Blanches-Mains exerça les fonctions

---

(1) Cellam etiam quæ vocatur Burgum, quam Amadeus comes dedit Deo, fratribus ejus larentibus (faventibus ?), Burcardo videlicet atque Odone. — *Bullarium Cluniacense*, p. 15, Lyon, 1680; cité par Carutti, p. 89. Le Pape ne donne pas à Burchard le titre épiscopal : on comprendra bientôt pourquoi.

(2) Seulement à première vue, dit il : *per una coincidenza strana soltanto a prima vista*. P. 87, n. 1.

(3) Ego comes Amedeus et uxor mea Adela donamus quemdam mansum Omnipotenti Deo et Sanctissimis ejus Apostolis Petro et Paulo *nec non et sancto Mauricio* pro animarum nostrarum salute et pro requie filii nostri Uberti animæ... Est autem situs ejusdem mansus in episcopatu Gratianopolitano *in comitatu nostro* in villa quæ vocatur Mallacina... Sig. domini Comitis Amedei et ejus illustrissimæ conjugis Adelæ qui fieri hanc cartam jusserunt. — Guichenon, Preuves, p. 8.

(4) Sacro santo Cenobio cluniacensi... ego Amedeus comes et uxor mea Adela donamus aliquid *de hereditate nostra in comitatu bellicensi*, etc. — Carutti, p. 185; fragment sans signatures.

(5) Mém. et Doc. etc. de la Suisse romande, anc. série, t. XX, p. 238-239.

de connétable du Royaume de Bourgogne. Un autre a déjà relevé cette erreur (1) : et j'ajoute un argument péremptoire. L'unique document sur lequel s'appuient ces historiens, un échange de terres entre le comte Humbert et un couvent d'Aoste dépendant de l'abbaye de Fruttuaria, est précédé, dans la collection officielle où il figure (2), d'un autre de la même année 1032 (17 février), rédigé à Aoste également, par le même vice-chancelier Eyric ou Erric (3) : or deux des témoins de ce dernier acte, un certain *Costabilis* et un certain Jean, se retrouvent comme propriétaires ou tenanciers dans la pièce suivante ; il est donc bien avéré que, ainsi que l'avait déjà remarqué M. de Manteyer, le *Costabilis* de celle-ci est non point un *connétable*, comme on a traduit à tort, mais un personnage appelé de ce nom, vassal et bénéficiaire du comte d'Aoste ; ce que marquent bien les expressions de la charte : « Le seigneur comte Humbert donne de la terre de son comté et du bénéfice de *Costabilis...* un champ, etc. (4) ». Et dans la première charte, celle du 17 février, dans laquelle Costabilis paraît seulement comme témoin, la terre dont il est parlé, donnée aux chanoines de Saint-Ours, est dite limitée d'un côté « par la terre du comté » (5), simplement, sans qu'il soit plus question de connétable ou du prétendu bénéfice de connétable. Ce nom de Costabilis était extrêmement répandu dans les régions bourguignonnes, comme on peut s'en assurer en parcourant les recueils de chartes, celui de Cluny principalement, où on le trouve porté même par des serfs (6). Un exemple curieux s'en rencontre dans une autre charte de la collection officielle précitée, en date du 10 août 966, portant collation de l'investiture d'une terre, au nom du roi Conrad, de son épouse Mathilde de France et de son fils aîné Conrad (décédé avant son père), par un certain *Costabulus*, qu'ils ont délégué à cet effet à titre d'avoué (7) ; comme en 1018 Humbert aux Blanches-Mains fut délégué pour terminer l'affaire de Bougel, au comté des Equestres. L'office même de connétable, jadis

---

(1) De Manteyer. Les Orig.. p. 384 seq.

(2) Hist. Patr. Mon. Chart. I. col. 498.

(3) Loc. cit.. col. 497.

(4) Donat dominus Ubertus comes de terrâ de suo comitatu et de beneficio Costabile... campum unum, etc.

(5) Fines de prima... de alia terra sancti Ursi et *terra de comitatu.* Loc. cit.. col. 498.

(6) V. aussi celui de Jules Pérard : *Recueil de plusieurs pièces curieuses pour l'histoire de Bourgogne.* p. 30 par exemple (document du milieu du x° siècle) ; Paris. in-fol. 1665. — On ne trouve pas cette forme de *costabilis* employée pour désigner l'office de connétable, bien qu'il y en eût d'approchantes. Ducange donne comes stabuli. constabularius. comestabilis. comestabilis. constabulus. constabulis.

(7) Sig. Costabulo qui per juxione Chuondrado rege et uxore sua Mathilt et filii ejus Chuono advocatus fuit. scribere jussit... Ad vestituram... que fecit Costabulus.   Hist. Patr. Mon. Chart. I. col. 210 211.

important chez les Francs, paraît-il, était déchu depuis que les mœurs germaniques primitives s'étaient altérées (1) ; il ne redevint considérable en France, ou à l'imitation des Français, que dans la seconde moitié du onzième siècle (2) ; en 1032, il est fort possible qu'au lieu de relever notre comte, comme on l'imagine, il l'eût rabaissé. On est allé plus loin : Humbert Ier aurait été non-seulement connétable, mais encore Comte du Palais de Bourgogne, sans que cependant il ait pris ce titre ; et il serait « très-vraisemblable que l'Empereur Conrad récompensa la fidélité qu'il montra à sa cause en lui confirmant, à titre d'hérédité, la majeure partie des domaines royaux dont il avait joui en qualité de comte du palais (3). » N'ayons pas l'hypothèse si facile : le rôle politique d'Humbert Ier s'explique naturellement, sans qu'il soit besoin de le supposer revêtu de charges de Cour, par sa parenté, ses alliances, ses relations, par son titre d'avoué de la Reine, par la situation de son État et les passages qu'il commandait, surtout par ses talents personnels, qui vont éclater dans la guerre de succession : car il est celui des grands vassaux bourguignons dont cette guerre a le plus élevé la fortune.

---

(1) Au sujet des connétables du premier royaume de Bourgogne et de leurs attributions, v. André Duchesne, *Histoire des Rois, Ducs et Comtes de Bourgogne* (Paris, in 4°, 1619), qui dit qu'on n'en trouve plus de spéciaux à ce royaume après la mort de Clotaire II (628). Il n'en signale pas dans le royaume de Bourgogne jurane, non plus que Ducange, qui cependant en indique en Italie. Il est certain que plus tard les connétables apparaissent subordonnés aux sénéchaux ; mais Duchesne ne cite pas ceux-ci dans son énumération des principaux officiers des rois de Bourgogne issus de Clovis (V, son chap. *Le Royaume de Bourgogne sous les Francs, in fine*), parce qu'ils ne furent investis de leur rôle administratif supérieur que sous les Carolingiens, après la chûte des maires du palais.

(2) « L'office de connétable, qui avant Albéric (de Montmorency, 1060), se bornait au commandement de l'écurie, devint en sa personne un office de la Couronne, et parvint à être la première dignité de l'État dans la personne de Mathieu II de Montmorency (1218) ». — Le Président Hénault, *Nouvel abrégé chronologique de l'Histoire de France*, éd. de 1788, t. I, p. 135.

(3) Gingins la Sarra, *Mém. sur l'orig. de la Maison de Savoie*, loc. cit. p. 288-289, suivant, dit-il, « la pensée féconde » (?) exprimée par Léon Ménabréa dans son *Mémoire sur la marche des études historiques en Savoie*, Chambéry, 1839.

III

Rodolphe III, avant de s'éteindre le 6 septembre 1032, avait pris soin de faire porter à Conrad II, par un seigneur nommé Séliger, la couronne et les ornements royaux. (1) Il ne laissait qu'un fils nommé Hugues, évêque de Lausanne (1019-1037), (2) sans doute illégitime, puisqu'il était entré dans les Ordres et ne revendiqua jamais rien. Qui allait être roi de Bourgogne ? L'Empereur et les grands se trouvèrent en présence : le premier soutenant qu'en vertu de sa suzeraineté, de sa prérogative, des précédents, (3) il pouvait disposer de la Couronne et de la succession entière du défunt ; les autres se référant à leur droit imprescriptible d'élection, ne reconnaissant à l'Empereur que sa suzeraineté ancienne, prétendant représenter vis-à-vis de lui le roi disparu en attendant qu'ils l'eussent remplacé par un autre si telle était leur volonté, et « répétant, à titre de souverains ou de comtes, tous les droits qui compétaient à sa souveraineté ou à sa juridiction comtale. » (4) De toute façon cependant, pour résister aux armes impériales, il fallait aux seigneurs un chef, et ce chef infailliblement voudrait être roi ; d'autant plus que la masse de la population, craignant la tyrannie et l'anarchie aristocratiques, considérait seulement le trône comme vacant. (5) Mais qui oserait courir une si dangereuse aventure ? Othe-Guillaume, Guillaume le Grand d'Aquitaine n'existaient plus ; Robert de France les avait suivis (20 juillet 1031), et son fils et successeur Henri Iᵉʳ, loin de songer à acquérir le royaume de Bourgogne, venait de se dépouiller du duché, cette précieuse conquête paternelle, en faveur de son frère puiné Robert. Eudes de Blois songeait bien, lui, à s'asseoir sur le trône de Bourgo-

---

(1) Hermannus Contractus. Mon. Germ. Hist. Script. V p. 121.

(2) Hugo. Lausannensis episcopus. filius regis Rodulphi : *Gesta Episcoporum Lausannensium*. Mon. Germ. Hist. t. XXIV. p. 798. — Ego Hugo.... filius Rodulphi regis unicus ; serments des évêques de Lausanne. aux Archives capitulaires de Besançon : cité par Dunod : *Histoire de l'Eglise de Besançon*.

(3) A savoir : les hommages des rois de Provence et de Bourgogne à Charles-le-Gros et à Arnoulf ; la vassalité de Conrad le Pacifique à l'égard d'Othon Iᵉʳ ; les traités de protection d'Henri II.

(4) A. de Terrebasse. Notice sur les Dauphins de Viennois. p. 44. Chacun des vassaux de la Couronne. dit il encore. « se regarda comme héritier. pour sa part. de tout le pays qu'il occupait. » P. 42.

(5) C'est ce que semble indiquer la formule « adorant Dieu en attendant un Roi. Deum adorantem. Regem expectantem ». dans une pièce du Cart. de Saint Hugues, en date de novembre 1032.

gne : il en avait déjà manifesté l'ambition ; mais alors précisément il était engagé dans une lutte avec Henri Ier au sujet de la ville de Sens, qu'il avait occupée par trahison et qu'il s'obstinait à garder. Ce fut un grand malheur pour la France et pour lui qu'il ne se fût pas empressé, Rodolphe mort, de se réconcilier avec son Prince : celui-ci fut ainsi porté à céder aux instances de Conrad II, qui le pressait de s'unir à lui contre le commun rival ; et il commit cette faute immense, inexcusable, dont la monarchie capétienne a senti le poids aussi longtemps qu'elle a duré. L'abbé de Stavelot en Belgique, Poppon, décida Henri Ier à voir l'Empereur à Deville-sur-Meuse, au nord de Mézières, en mai 1033. Là un plan fut tracé, le roi devant attaquer Sens tandis que son allié envahirait le royaume de Bourgogne, et un mariage arrêté entre Henri et Mathilde, fille de Conrad et de Gisèle ; mariage qui se fût sans doute accompli, malgré un empêchement canonique de parenté, sans le décès prématuré de la fiancée l'année suivante. La joie fut grande en Allemagne : on voyait déjà les deux royaumes confédérés, n'en formant plus qu'un ! (1)

Eudes II cependant se lançait à corps perdu dans la nouvelle carrière qui s'offrait à son courage, et le parti latin ou indépendant de Bourgogne l'accueillait unanimement pour son chef. Ce parti était de beaucoup le plus considérable dans le Royaume à l'ouest du Jura. On comptait maintenant parmi ses membres les plus résolus, par un retour singulier, le propre fils d'Humbert aux Blanches-Mains, Burchard, évêque d'Aoste, devenu archevêque de Lyon depuis qu'il avait envahi et occupé de force ce siège après la mort de son oncle Burchard II, survenue le 10 juin 1030 ou 1031 (2). Les moines chroniqueurs ont fort malmené

---

(1) Eo quod per ipsas (nuptias) duo Regna in magnam pacem confœderari. *vel in unum redigi* sperarent. — Lettre de Sigfried, abbé de Gorze, à Poppon de Stavelot ; cité par M. Pfister, p. 382, n. 4.

(2) Predicti Burchardi nepos, ejusdem equivocus... relicta sede propria Augustane civitatis, procaciter Lugdunensem arripuit : R. Glabri. Hist. V, iv, 21, p. 131 de l'éd. Prou. — Ce texte, où Glaber désigne Burchard III comme *le neveu* de Burchard II, reproduit à peu près littéralement par Hugues de Flavigny (Mon. Germ. Hist. Script. VIII, p. 483), a été expliqué par M. Carutti, qu'il embarrassait fort, de la façon la plus bizarre. Il imagine que la reine Adélanie, femme de Conrad le Pacifique avant Mathilde de France, était sœur de cet autre Humbert, prétendu comte de Belley, père selon lui d'Amédée comte de Savoie Belley et de Burchard III : de cette manière, dit-il (p. 304 et passim), étant la tante naturelle de Burchard III, elle se trouva après son mariage la marâtre de Burchard II, établissant entre les deux Burchard une relation que Glaber a pu indiquer par le terme de nepos appliqué au plus jeune ; le sens de ce mot au Moyen-Age est parfois en effet celui de cousin germain (V. Ducange). — Eh bien ! non, comme l'observe très justement M. Labruzzi (p. 151), le mariage d'Adélanie en pareil cas n'eût créé aucun lien de parenté entre les Burchard, ils ne fussent point devenus cousins par là : le neveu de notre marâtre ne nous est rien, la remarque de Ducange citée par M. Carutti (p. 301

ce prélat audacieux, qui résistait à l'Empereur, au pape, à leur Institut souverain de Cluny : « Le plus arrogant des hommes, et au-delà de toute mesure ». dit Glaber (1) ; « De noble race et vaillant, dit Hermann l'Estropié, mais scélérat consommé et sacrilège ; » et plus loin : « Cet archevêque de Lyon, ou plutôt ce tyran, détrousseur sacrilège d'Églises et adultère incestueux. » (2) Il convient de n'attribuer qu'une valeur toute relative à ces jugements passionnés. La situation de Burchard III était extrêmement difficile. Son prédécesseur avait expulsé de Lyon et rejeté dans ses domaines du Forez le comte Artaud II ou Artaud III, (3) dont le frère Géraud II aspirait, avec l'aide de ses partisans lyonnais, non seulement à recouvrer les biens et avantages enlevés à sa Maison, mais encore à se saisir de l'archevêché pour le mettre dans sa famille. Burchard III, s'il voulait avoir des appuis suffisants contre le comte, était contraint de s'entendre dans la ville avec les bourgeois (ils commencèrent à cette occasion à y jouer un rôle), hors de la ville avec ses suffragants : or, tout ce monde était mal disposé pour l'Empereur. Une partie seulement de la vaste province ecclésiastique de Lyon appartenait au royaume de Bourgogne, le reste était français ; et les opulents évêques de Langres, de Mâcon, de Châlon, d'Autun repoussaient tant qu'ils pouvaient l'ingérence du monarque étranger dans les affaires de l'archevêché. On a vu que Burchard II s'était finalement séparé de Conrad II ; Burchard III, après avoir tenté ou feint de s'entendre avec lui tant que vécut Rodolphe III, fut ensuite entraîné à agir de même. L'Empereur alors soutint la faction comtale, et, malheureusement pour Burchard III, Conrad avait pour allié dans cette affaire le pape Jean XIX, qui avait favorisé de toutes ses forces l'élection à l'archevêché d'un autre prélat, l'archi abbé de Cluny, Odilon. Bien que régulièrement choisi par l'Église de Lyon, Odilon refusait obstinément ; il n'en était pas moins lié au pape, et ne pouvait décemment défendre contre lui un usur-

n. 1) ne concerne nullement une pareille conjoncture, et les chroniqueurs n'ont pu attribuer au mot nepos le sens qu'il lui prête. Quelque haute estime qu'on ait d'ailleurs pour le mérite de M. Carutti, il faut bien convenir qu'ici il défend une mauvaise cause par un détestable argument.

(1) Suprà modum superbissimus. Loc. cit.

(2) Genere nobilem et strennum, sed per omnia scelestum et sacrilegum... Lugdunensis archiepiscopus, immo tyrannus et sacrilegus depradator Ecclesiarum adulterque incestuosus. — Mon. Germ. Hist. Script. V. p. 121-122. — Un prêtre marié était alors qualifié *adultère* même dans le langage officiel et dans les conciles. Mais ce sont évidemment ici de simples injures calomnieuses.

(3) Artaud II selon André Steyert. *Nouvelle Histoire de Lyon*, etc. t. II. p. 232. Lyon. ' '. 1895 seqq.: Artaud III selon le baron Gingins. *Les trois Burchô* dans Mém. et Doc., etc. de la Suisse romande. t. XX. p. 380. — V. aussi La Mure. *Histoire des Ducs de Bourbon et des Comtes de Forez*, éd. Chantelauze, in 4°. Paris. 1860.

pateur, un sacrilège aux yeux de ses moines. (1) C'est ainsi que
Burchard III se vit forcé de combattre à la fois quatre partis,
ceux du pape, de l'Empereur, de Géraud II, de Cluny, et de
plus, indirectement du moins, son propre père : premier exemple de ces divisions intestines plus ou moins sérieuses, renou-
velées plus d'une fois par la suite dans la même famille, qui
tenaient le plus souvent à l'opposition des intérêts dans les
contrées où ces princes commandaient, ou à des déterminations
politiques nécessaires dans une région mixte, intermédiaire
entre des Etats plus puissants ennemis ou rivaux les uns des
autres. La Maison d'ailleurs ne perdit pas tout à l'aventure de
Burchard : il était prévôt de l'abbaye royale de Saint-Maurice
et succéda aussi à son oncle, régulièrement cette fois, dans sa
direction, peut-être, d'abord sous l'autorité directe du Roi (2),
puis comme abbé en titre ; et alors il eut soin de choisir pour
prévôt son frère Aimon, devenu lui même évêque de Sion. C'est
ainsi que le protectorat de ce grand Institut religieux demeura
assuré aux comtes de Savoie, qui acquirent par là la domination
sur le Chablais ancien (entre le hameau de Bret, près Saint-
Gingolph, et la Veveyse), sur une partie du Valais et du Génevois
oriental (Chablais actuel). C'était un accroissement considérable
de fortune et de puissance.

Il paraît que Burchard III, dans sa prise de possession du
siége de Lyon, avait été secondé par son voisin Gérold Ier comte
de Génevois, fils à ce qu'on croit d'Eberhard d'Eguisheim, comte
de Nordgau puis de Genève vers 1020, et de Berthe, petite-fille
de Conrad le Pacifique (3) ; parent à la fois par conséquent de
Rodolphe III, son grand-oncle maternel, de l'Empereur Conrad
(4) et d'Eudes de Blois, (5) ses cousins. Quoique le plus proche
héritier du roi défunt dans le royaume selon la loi civile, et de
plus actif et brave, Gérold ne songea point, semble-t-il, à se
faire roi lui-même, et se borna à soutenir énergiquement, à
l'exemple de Burchard, la candidature du comte de Blois. On
pense que son fils Gérold II épousa une Teutberge de la Maison
de Savoie, fille d'Amédée Ier, veuve de Louis de Faucigny ; (6)

---

(1) Sur tous ces faits v. le baron Gingins, op. cit., p. 343 seqq.;
A. Steyert, op. cit., p. 245 seqq.

(2) De Manteyer, p. 523.

(3) Note généalogique à la suite de la chronique de Flodoard. Mon.
Germ. Hist. Script. III, p. 407, ou D. Bouquet, t. IX.

(4) Berthe était sœur de Conrad le jeune, cousin germain de Conrad II.

(5) Berthe l'Ancienne, mère d'Eudes, était tante de Berthe la Jeune,
mère de Gérold.

(6) Le Docteur L. C. Bollea, *Le prime relazioni fra la Casa di Savoia
e Ginevra*, p. 14-15, Turin 1901 (opuscule). C'est à tort que l'auteur
émet l'idée que cette Teutberge pourrait avoir été aussi une sœur
d'Humbert aux Blanches-Mains, opinion exprimée également par
MM. B. de Vesme et A. de Gerbaix-Sonnaz : v. dans les *Studi storici*
de ce dernier *sul Contado di Savoia e Marchesato in Italia*, le Tableau
généalogique, t. I, parte I, p. 128, Turin in 12. 1883, — M. de Manteyer

mais ce mariage n'eut lieu que bien plus tard, après 1060, époque où Louis de Faucigny vivait encore ; et il n'est pas admissible qu'Amédée se soit laissé entrainer en 1032, comme on l'a supposé sans preuves, dans le parti anti-impérial et anti-paternel. Ceux qui l'ont présumé (on sait du reste pourquoi) distinguaient, il est vrai, deux Amédée. (1)

Un concours précieux assurément eût été celui de Renaud Ier, Grand Comte de Bourgogne, fils et successeur d'Othe-Guillaume. s'il n'eût hérité de la malheureuse incapacité militaire de son père sans hériter de ses talents politiques, et s'il n'eût été tenu en bride par les princes alémans de l'Helvétie, par les évèques de Strasbourg et de Bâle, par le nouveau comte de Montbéliard, Louis de Mousson, par l'archevèque même de Besançon, son parent Hugues Ier de Salins. (2) Plus dangereux peut-être était Evérard, évèque de Maurienne, prélat belliqueux et tenace, qui fermait les passes du Mont-Cenis et des Alpes voisines. L'archevèque-primat de Vienne, saint Léger, hésitait, maintenu apparemment par les seigneurs d'Albon ; plus tard il n'opposa à Eudes qu'un semblant de résistance. et traita avec lui. Il est à croire que ses suffragants, les archevèques de Tarentaise et d'Embrun, s'inspirèrent de sa conduite. Nous savons que le candidat français fut reconnu en Provence : la preuve fort nette s'en voit dans les actes du temps ; (3) Rambaud, archevèque d'Arles, se posa hautement comme son défenseur. C'était donc la majeure partie du pays gallo-romain qui repoussait le prétendant tudesque ; le parti impérial ne l'emportait décidément

---

oppose avec raison à ces auteurs le calcul des générations (Notes Additionnelles. p. 440 441). Il est clair qu'une sœur d'Humbert Ier eût été trop âgée après 1060 pour avoir encore des enfants. et tous ceux qu'eut Teutberge. qu'ils fussent du premier ou du second lit. sont morts vers 1125 ; ce qui invite évidemment à la placer. comme le dit M. de Manteyer. « dans la génération qui suivit Amédée Ier ».

(1) Carutti. p. 37. 101. — De Gerbaix Sonnaz. p. 152 loc. cit. — La trahison prétendue d'Amédée de Belley aurait fait donner son comté à l'autre Amédée. fils d'Humbert Ier.

(2) Sur ce prélat. v. M. l'abbé L. Loye. *Histoire de l'Eglise de Besançon.* t. II. p. 3 seqq.; Besançon, in-16. 1901 seqq. — Sur Louis de Mousson. 1025-1070. M. P.-G. Tuefferd. *Histoire des Comtes souverains de Montbéliard.* p. 3 seqq.; Montbéliard. in-8°. 1877. Extrait des Mémoires de la Société d'Emulation de Montbéliard. 3° série. t. I.

(3) V. par exemple dans le *Cartulaire de Saint-Victor de Marseille.* publié par Guérard dans les Doc. inédits de l'Hist. de France. les n°° 599. 101. 64. 176. 183. 330. 123. 131. 180. 564. 132. 428. 526. desquels il résulte que Conrad ne fut point admis en Provence. soit comme successeur désigné de Rodolphe III soit comme roi après lui. de février 1030 à novembre 1038. tandis qu'en 1033 on datait les actes *du règne d'Eudes, roi.* Une pièce de 1038. n° 154. porte cependant la formule : sous le règne de l'*Empereur* Conrad ; et trois autres du monastère de Saint Pons près Nice. de 1036 et 1037 : sous le règne de Conrad *roi des Romains* — dans Pietro Gioffredo. *Storia delle Alpi Marittime.* Hist. Patr. Mon. Script. II. col. 324.

que dans l'Alémanie, les terres royales, les domaines du comte
Humbert, des d'Albon, des comtes de Lyon et Forez, de quelques autres seigneurs ou prélats de moindre importance.

Profitant de ce que, dans le moment de la mort de Rodolphe III, l'Empereur était occupé en Pologne, Eudes II agit sans
perdre de temps. Son plan était habile autant que hardi : tandis
que ses émissaires agitaient la Lorraine, il allait se jeter sur
l'Helvétie, occuper les passes des Alpes Pennines et Grées,
séparant ainsi l'Empereur de ses partisans bourguignons et
obligeant à la fuite leur chef le comte Humbert ; puis, par un
vaste mouvement tournant, gagner Vienne, l'enlever, y convoquer quand il serait temps une assemblée générale, s'y faire
reconnaître et couronner roi. Ce programme fut exécuté, sauf
le dernier point, avec une rapidité et une vigueur irrésistibles.
Dans l'automne de 1032 ses corps franchirent successivement le
Jura, se répandirent dans l'Alémanie ; Neuchâtel, Morat, place
alors très forte, furent emportés ; Eudes entra dans Lausanne,
dans Martigny, dans Aoste, (1) garnit le Grand et le Petit Saint-
Bernard, arriva devant Vienne par les terres de ses alliés.
Humbert Ier, pris entre l'armée odonienne, le comte de Genève,
l'évêque de Maurienne, avait dû évidemment se replier et
abandonner le val d'Aoste. Eudes reçut Vienne à composition
par un traité, conclu avec l'archevêque sans aucun doute, portant qu'à « un terme convenu il y serait proclamé et sacré
roi. » (2) Ainsi il remettait à plus tard, à un moment propice, à
saisir la couronne : il n'osa, dit Wipo, quoiqu'il fût résolu à
garder le Royaume. (3) Il est difficile de dire les causes précises
de cette hésitation ; la principale était peut-être que l'Empereur
accourait, et qu'il fallait d'abord songer à lui tenir tête. Conrad II
certainement ne s'était pas attendu à un effort si prompt, si
bien concerté et combiné ; malgré les rigueurs d'un terrible
hiver, malgré la famine, une des plus atroces qui aient désolé
ces contrées, (4) il arrivait avec son fils Henri, célébrait la Noël
à Strasbourg, paraissait à Bâle, puis, à Soleure, commençait la

---

(1) L'un d'eux (de ces nobles Eudes), écrivait le poète Baudry, abbé
de Bourgueil, vers le début du siècle suivant, s'est annexé Martigny,
a tenu Aoste sous ses lois :

Addidit Octodurum sibi scilicet unus eorum (Odonum)

    Augustamque suis juribus obtinuit. — Les Duchesne. *Historiæ
Francorum scriptores.* t. IV. p. 271. Paris. in-4° 1641.

(2) Obsedit quoque Viennam, quam eâ conditione in fœdus recepit ut
præstituto termino in eadem urbe rex appellari et coronari debuisset
Hugues de Flavigny. Mon. Germ. Hist. loc. cit. — V. aussi Hermannus
Contractus. id. Script. V. p. 121 ; Hépidannus de Saint-Gall. id.
Script. I. p. 83.

(3) Nec se regem ausus est facere, nec regnum tamen voluit dimit-
tere. Ch. 29.

(4) Elle dura trois ans, 1031-1033 ; Glaber en a tracé l'effrayant
tableau, Hist. IV. iv.

campagne. Après avoir fait investir Neuchâtel et Moral, (1) places qu'il ne voulait pas laisser derrière lui. il se rendit au monastère de Payerne, tout près de là, pour se faire acclamer roi par ses vassaux de Bourgogne, « grands et petits, » et couronner le jour de la Purification de la Vierge, 2 février 1033. Il faisait ainsi ce que n'avait pas osé ou voulu faire son adversaire ; il tenait surtout à frapper ce premier coup, car il n'avait que peu de monde, et la rigueur du froid était telle qu'au camp sous Moral les pieds des chevaux s'attachaient à la terre durant la nuit de façon à ne pouvoir être détachés qu'à coups de hache et d'épieu. Il dut renoncer pour le moment à son entreprise et se retirer à Zurich. Il y vit venir la reine Hermengarde « et bon nombre de Bourguignons, *le comte Humbert* et d'autres qui, à cause des pièges dressés par Eudes en Bourgogne, n'avaient pu joindre encore l'Empereur, et avaient pris leur chemin par la Lombardie. Ils se firent ses hommes, engageant leur foi sous serment à lui et au roi son fils, puis se retirèrent magnifiquement gratifiés. » (2) Ainsi la Reine et son défenseur Humbert Ier, dont le nom paraît ici pour la première fois sous la plume d'un historien, contraints de quitter le royaume, avaient gagné l'Italie, et de là. par quelque passage de la région du Saint-Gothard, au début du printemps apparemment, s'étaient rendus auprès de l'Empereur pour s'entendre avec lui et recueillir les grâces habituelles en pareil cas. Il est naturel que de grandes promesses aient été faites alors à Humbert, et nous en verrons plus loin les effets probables.

Dans la campagne d'été de 1033 la lutte se déplaça ; elle devait inévitablement en effet avoir son contre-coup vers le nord, où les possessions d'Eudes dans le comté de Troyes avoisinaient les terres de la Lorraine impériale. Ici le rôle du roi de France devenait important et pouvait être décisif. Il est bien certain que si Henri Ier eût imité la conduite de son père le roi Robert en 1025, lors du soulèvement de la Lorraine contre Conrad II, s'il eût menacé les frontières de l'Empire, les choses eussent changé de face, et l'événement eût pu être fort différent de ce qu'il fut. Eudes vit alors combien il s'était trompé s'il avait espéré amortir les jalousies et désarmer les haines par une feinte modestie ; ses succès n'avaient fait qu'enflammer davantage la colère du Roi en accroissant ses craintes : c'est alors qu'Henri Ier conclut la fatale convention de Deville, qui faisait de lui le champion de la Germanie contre des Français, contre une entreprise française, sans nécessité quoi qu'on ait dit : car le loyalisme intéressé des grands vassaux. qui, maintes fois,

----

(1) Hepidannus. Ann. Sangallenses majores. loc. cit.

(2) Ibi plures Burgundionum. regina Burgundiæ jam vidua. *et comes Hupertus*, et alii. qui propter insidias Odonis in Burgundia ad Imperatorem venire nequiverant. per Italiam pergentes occurrebant sibi. et effecti sui fide promissa per sacramentum sibi et filio suo Henrico regi, mirificè donati redierunt — Wipo. ch. 30.

avait garanti son père et son aïeul contre les attaques des ambitieux du dehors et du dedans, l'eût couvert assurément du même bouclier, et une telle appréhension n'avait peut-être pas été étrangère à la résolution qu'Eudes avait prise d'attendre la victoire pour ceindre la couronne royale. Tout au moins le bon sens et la prudence commandaient à Henri de rester neutre d'abord, en ce qui regardait le Royaume de Bourgogne, de se borner à la défense de ses intérêts particuliers en évitant l'alliance étrangère, de se guider ensuite d'après les événements qui, peut-être, eussent travaillé pour lui. Mais ses vues étaient courtes, son horizon limité : il n'aperçut pas les conséquences futures de sa conduite. Eudes de son côté accentua trop son action dans le nord, fatiguant les Lorrains de ses incursions dévastatrices, que le Roi lui rendait dans le pays de Sens. Il fut repoussé de Toul, et vit ses Etats envahis, au mois d'août 1033, par une formidable armée de Saxons, toujours heureux de faire campagne en pays franc, qui avait franchi la Meuse à Saint-Mihiel, guidée par l'Empereur lui-même. Durant trois semaines tout fut pillé, brûlé, renversé ; le comte impuissant dut s'humilier. Le duc des deux Lorraines, Gozelon dit le Grand, et Thierry, évêque de Metz, négocièrent un accord en son nom ; puis il vint de sa personne demander grâce, promit d'abandonner toute revendication sur le royaume de Bourgogne, de donner satisfaction à l'Empereur selon son désir et le jugement de ses palatins, d'aller partout où il le manderait, prêta serment d'observer scrupuleusement ces conditions, livra des otages. (1)

N'avait-il voulu que se délivrer de l'invasion ? Conserva-t-il une partie de la Bourgogne royale, contre ses engagements formels, ainsi que Wipo l'en accuse ? Reprit-il les armes l'année suivante, apparemment après sa paix avec le roi de France, auquel il dut céder Sens, comme le portent les Annales d'Hildesheim ? L'opinion générale paraît bien avoir été que sa soumission n'était qu'une feinte ; (2) et il recommença malheureusement de plus belle ses rapines et ses séductions du côté de la Lorraine. (3) Ses alliés bourguignons ne se rendaient pas ; ils gardèrent sans doute auprès d'eux, bon gré mal gré, les garni-

(1) Wipo, ch. 31 ; *Annales d'Hildesheim*, contemporaines pour cette partie, éd. Waitz in usum scholarum, p. 37, Hanovre, Hahn, 1878 ; Ann. Sangallenses, loc. cit. ; Chronique de Saint Mihiel, Mon. Germ. Hist. Script. IV, p. 84 ; Vie du Pape Léon IX, de Vibert, Extraits dans D. Bouquet, t. X ; Miracles de saint Gérard, évêque de Toul, Mon. Germ. Hist. Script. IV, p. 105. — Eudes admettait le jugement des comtes palatins de l'Empire, ses pairs, étant lui-même comte palatin.

(2) Satisfactionem, licet ficte, promitteret, dit Hermannus Contractus, loc. cit. p. 121.

(3) La chronique de Saint-Mihiel affirme qu'*après le retour de l'Empereur dans ses Etats* Eudes oublia ses promesses et reprit « l'œuvre quotidienne de sa perversité ». Le monastère en fut quasi ruiné.

sons odoniennes, jugeant que, puisque les électeurs seuls dispo-
saient de la couronne, la violence subie par leur chef ne supprimait ni son droit ni le leur, et que la cérémonie de Payerne,
œuvre de la minorité germanophile, se trouvait par là, en ce
qui les concernait, nulle et non avenue. Force fut à l'Empereur
de reprendre la lutte, avec la résolution, cette fois, de la terminer par la conquête totale.

Ayant célébré la fête de Pâques à Ratisbonne (14 avril 1034),
Conrad II se mit en route dans la direction de Saint-Maurice,
où, par une combinaison ingénieuse, dit Wipo, il avait donné
rendez-vous aux troupes italiennes pour envahir le reste de la
Bourgogne royale. (1) A la tête de ces troupes étaient les « deux
lumières » de l'Italie. (2) Héribert. archevêque de Milan, et
Boniface, marquis de Toscane. Conrad leur envoya le comte
Humbert pour les guider, à titre de lieutenant impérial, investi
du commandement en chef par conséquent. (3) Notons que le
biographe bourguignon signale ici Humbert simplement comme
un comte du pays, *comitis de Burgundia*, sans donner à penser
le moins du monde qu'il pût être d'une loi ou d'une origine
étrangères. Il mena les Italiens « par l'entrée qu'ouvrent les
rochers coupés à pic de l'inexpugnable château de Bard, » (4)
puis par son comté d'Aoste et le Grand Saint-Bernard, jusqu'au
lieu où devait s'opérer la jonction. Le langage de l'historien
italien semble bien marquer qu'il n'y eut pas de résistance ;
elle était facile dans ces passages : Humbert avait donc déjà
délivré et recouvré son comté, et, sur ce point du moins, les
soldats odoniens avaient disparu. On marcha sur Genève.
où on ménagea une entrée triomphale à l'Empereur à l'instar
de celles de Rome. Les grands italiens et bourguignons, qui l'y
avaient précédé ou s'y étaient rendus exprès, l'archevêque de
Milan à leur tête, le reçurent pompeusement ; la solennité de
Payerne fut renouvelée avec plus d'éclat : Conrad II fut de nouveau élu, sacré, parut en public la couronne royale de Bourgogne sur la tête (1er août 1034). (5) On ne sait par qui se fit ce
couronnement : par Héribert sans doute, aucun des métropoli-
tains bourguignons ne s'étant encore soumis. Du reste personne
ne songeait à tenir tête à la terrible armée italo-teutonne ; les
deux chefs voisins les plus puissants, Burchard III et le comte
Gérold, rendirent hommage : beaucoup d'autres cédèrent égale-

---

(1) Expeditis Teutonicis et Italis Burgundiam acuté adiit. Ch. 32.

(2) Duo lumina Regni. — Arnoulf de Milan. loc. cit.. p. 14.

(3) Ductu Huperti. comitis de Burgundia. — Wipo. loc. cit.

(4) Explorantes accessus illos quos reddunt meabiles præcisa saxa
inexpugnabilis oppidi Bardi. — Arnoulf. loc. cit.

(5) Ibi vero ab Heriberto mediolanensi episcopo cæterisque Italiæ et
Burgundiæ principibus honorificé susceptus. in festivitate sancti Petri
ad vincula coronatus producitur et in regnum Burgundiæ rex eligitur.
— Ann. Sangallenses. loc. cit. p. 83.

ment à la force. (1) Revenant sur ses pas, Conrad acheva de réduire les places d'Alémanie, Morat particulièrement, tenu par les meilleurs hommes d'armes du comte, qui fut pris, rasé, la garnison emmenée prisonnière. La ville ne se releva du désastre que plus d'un siècle après. Les Odoniens fuyaient de tous côtés, poursuivis par les Impériaux. Renaud de Haute-Bourgogne, si déjà il n'avait fait sa soumission à Genève, ce qu'on a supposé sans que rien le prouve, (2) donna certainement alors satisfaction, car Hépidannus de Saint-Gall affirme que Conrad prit « toutes les villes avec leurs habitants jusqu'au fleuve du Rhône », (3) Hermann l'Estropié qu'il occupa « tous les châteaux en-deçà du Rhône, » (4) et que d'après Wipo il revint par l'Alsace après la poursuite, menant après lui de nombreux otages des grands de Bourgogne. (5)

On ignore où et à quel moment l'Empereur, le comte Humbert et les Italiens se séparèrent. Conrad ne dépassa pas le Rhône, et cependant « l'extermination des Odoniens fugitifs dans le

---

(1) Augustus, veniens ad Genevensem civitatem, Geroldum, principem regionis illius, et archiepiscopum Lugdunensem, et alios quamplures subegit. Wipo, ch. 32. — C'est outrer le sens de ce passage que d'imaginer une bataille sous les murs de Genève dans laquelle Burchard III aurait été fait prisonnier, comme l'admet M. Carutti lui-même (p. 101). Le chroniqueur d'Hildeshein dit : Odonem iterùm resistentem fugavit, il mit en fuite Eudes qui lui résistait encore : ce qui n'indique qu'une retraite forcée, non une bataille, et du parti d'Eudes plutôt que de sa personne. C'est ainsi que Wipo intitule son chapitre sur ces faits : Qualiter Imperator Odonem expulit de Burgundia, De la façon dont l'Empereur expulsa Eudes de la Bourgogne ; mais il ne parle plus ensuite que des « fauteurs d'Eudes » et ne signale aucun combat précisément ; et quant à la prise de Burchard III, c'est une invention absolue. Il convient, ce semble, d'avoir égard à l'interprétation qu'a fournie de ces textes le judicieux évêque Othon de Freysingen, qui, après avoir mentionné la paix de 1033, ajoute seulement que l'Empereur vint l'année suivante recevoir la soumission de l'archevêque de Lyon et des autres chefs du pays, sans indiquer la présence ou l'action du comte, ou même une résistance quelconque ; et qui, passant aux événements d'Italie en 1037, dit qu'Eudes alors « rompant son serment, se révolta de nouveau en Gaule contre l'Empereur. » Chron. VI. 31, Mon. Germ. Hist. p. 284 de l'éd. in usum scholarum. Hanovre. 1867.

(2) Wipo, qui cite Burchard et Gérôld, n'eût pas manqué de nommer aussi Renaud Ier, s'il se fût présenté au même lieu qu'eux.

(3) Omnia municipia cum civibus ad Rhodanum fluvium. Ann. Sangall., loc. cit.

(4) Omnia cis Rhodanum castella. Loc. cit.

(5) Les témoignages des chroniqueurs sur tout ce voyage de Conrad II sont, on a pu s'en rendre compte, assez concordants, clairs et précis : il faut d'autant plus admirer les étranges fantaisies que se sont permises à cet égard certains historiens modernes. C'est d'abord P. Gioffredo, généralement exact pourtant, qui nous conte que l'Empereur avec une partie de ses forces descendit en Italie, s'embarqua là pour Nice et les côtes de Provence, tandis que l'autre partie de son armée,

"Royaume fut complète. » (1) En admettant que le panégyriste exagère quelque peu, il convient néanmoins de conclure de ses paroles que des corps furent envoyés pour soumettre les contrées au sud et à l'est du fleuve, la Maurienne principalement ; et certainement l'Empereur confia cette mission à son lieutenant, que tout désignait comme le plus apte à la remplir avec zèle et avec succès. Il importait en effet à Humbert de rendre libre le passage de la Savoie en Italie, et de supprimer un ennemi qui le tenait au flanc de la façon la plus gênante. Très probablement une lutte violente s'engagea dans l'étroite vallée ; il se peut bien que, comme l'ont cru les historiens du pays, Saint-Jean même ait été pris et détruit ; (2) l'évêque Evérard disparut sans laisser de traces à notre connaissance. Des faits subséquents, qui seront indiqués, donnent à penser qu'Humbert, chargé de réorganiser la contrée après la victoire, fut mis en possession des terres vacantes par la mort ou la fuite de leurs maîtres, des terres épiscopales et royales, et de l'autorité comtale, que nous le voyons exercer peu après. Il y a plus : pour compléter son triomphe, il devait purger d'ennemis les passages des Alpes ; et peut-être entra-t il à cette occasion en relation avec le marquis de Turin, Olderic Manfred, ou avec sa Maison si le marquis n'existait déjà plus, car on n'est pas sûr de l'année de son décès, qui eut lieu un 19 octobre, en 1034 probablement. Notre comte, on l'a vu, commandait une armée italienne qui vraisemblablement le suivit, au moins en partie, dans son expédition de Maurienne, et rentra en Italie par le mont Cenis. Du moment qu'Humbert Ier tint le débouché occidental de ce passage comme il tenait déjà les deux Saint-Bernard, quoi de

---

formée d'Italiens et de Lombards sous le commandement, d'après de vieux auteurs, de Boniface d'*Este*, vicaire impérial, attaquait la région supérieure du Royaume au delà du Jura, ce qui obligeait Eudes à demander la paix et à se retirer, etc.; Storia delle Alpi Marittime. loc. cit. col. 324. C'est un pur roman : mais voici mieux. Victor de Saint-Genis, auteur presque contemporain d'une *Histoire de Savoie*, réputée comme une des meilleures, (Chambéry, trois vol. in-12. 1868), après avoir exposé comment Héribert et Boniface de Toscane « amenèrent *en Savoie* des troupes italiennes dont Conrad II confia le commandement à Humbert », continue en ces termes stupéfiants : « Tandis que le jeune chef poursuit en Lorraine le comte Eudes, le bat et le tue, l'Empereur se faisait reconnaître dans ses nouvelles possessions, etc.» T. I. p. 174. — Voilà donc Humbert et les Italiens transportés en Lorraine, vainqueurs à Bar-le-Duc à la place de Gozelon-le-Grand et des Lorrains, cette bataille, qui se livra le 15 novembre 1037, mise en 1034, et Humbert donné pour un « jeune chef » à cette date ! Et c'est le même homme qui, dans sa prétentieuse préface, traite en ignorants et en vendus tous les auteurs qui l'ont précédé, et présente sa propre histoire comme une révélation !

(1) Quos persecutus Caesar omnino exterminavit de Regno. — Wipo, ch. 32.

(2) V. plus loin.

plus simple que l'idée d'une union de famille fût venue aux
chefs des deux Etats voisins, qui s'interceptaient mutuellement
leurs communications? Quel appui plus solide et plus précieux
pouvait trouver la jeune héritière du marquis que celui du
favori de l'Empereur, maître de trois comtés à ses portes? Les
rapports alors bien plus intimes qu'à présent, les analogies plus
grandes entre les populations des deux versants des Alpes
encourageaient encore à former un tel projet. Et qui sait si on
n'envisagea pas dès ce moment la réunion éventuelle des deux
Etats? Si, en effet, Amédée de Savoie-Belley avait déjà, comme
on l'a présumé, perdu son fils Humbert, (1) si son frère Aimon,
qu'on trouve évêque de Sion dès 1037, était comme Burchard
de Lyon engagé ou s'engagea dans les Ordres, le quatrième fils
d'Humbert Ier, Odon, devenait seul héritier de l'Etat de Savoie,
comme Adélaïde, fille aînée d'Olderic Manfred, héritait en fait
de l'Etat de Turin. Mais, que cette pensée pût alors plus ou
moins raisonnablement entrer dans les esprits, en tout état de
cause, les avantages d'une telle union frappèrent sans doute les
deux parties. Humbert Ier, poursuivant ses adversaires et rame-
nant les Italiens dans leur pays, arriva probablement à Turin,
y fut bien reçu comme lieutenant impérial, y séjourna,
demanda pour son fils la main de la princesse, assista au
mariage : voilà ce qu'on peut soupçonner et même croire
advenu sans invraisemblance. On aurait un indice de la présence du comte dans cette ville à la date du 29 décembre 1034
dans une charte, dressée peut-être à la suite des noces, qui
auraient été célébrées à la Noël précédente, par laquelle « le
marquis Odon et sa femme la comtesse Adélaïde, avec le comte
Humbert, » font une donation au monastère de Saint-Just de
Suse. (2) Le comte est associé comme témoin honorable et
garant à l'acte de son fils et de sa bru ; il ne lui avait pas été
sans doute difficile d'obtenir de l'Empereur pour le premier, en
cadeau de noces, confirmation de la dignité marquisale qu'avait
tenue son beau-père. Mais le problème extrêmement complexe
et ardu de l'époque de cet hymen ne saurait être abordé sérieusement ici : je me borne à constater que l'opinion longtemps
dominante d'après laquelle Adélaïde de Turin aurait eu deux
maris, Hermann de Souabe, mort en 1039, puis Henri dit de
Montferrat, disparu seulement en 1044, avant Odon de Savoie,

---

(1) Ci-dessus p. 38 et n. 3. M. Carutti fait mourir cet Humbert fils
d'Amédée avant 1033 ; mais je ne comprends pas la raison qu'il en
donne, p. 86 et n. 2. En réalité le fait reste incertain.

(2) Nos Odo marchio et Adalegia comitissa ejus conjux, necnon et
Humbertus comes, etc.—V. deux bonnes éditions critiques de cette pièce
importante et très contestée, fournies par M. Labruzzi op. cit. p. 288,
et par M. le comte Carlo Cipolla. *Le più antiche carte diplomatiche del
monastero di S. Giusto di Susa*, dans *Bullettino dell' Istituto storico
italiano*, n° 18 p. 80). Rome, in-8°. 1896. Les deux écrivains produisent
du reste une appréciation et arrivent à des conclusions différentes.

est de plus en plus abandonnée des historiens et des érudits contemporains. (1)

C'en était donc fait : le royaume de Bourgogne devait rester *Terre d'Empire*. L'Italie était ouverte aux Allemands par tous ses passages, fermée aux Français pour des siècles. Néanmoins, si Conrad II parvint à empêcher une dynastie française de s'établir dans ce pays, il ne put acquérir avec la Couronne l'exercice de tous les droits attachés à la Couronne : ni lui ni ses successeurs ne furent jamais en état de reprendre aux seigneurs ce que ceux-ci avaient acquis ou usurpé. Il laissait dans le Royaume, en se retirant, à la place du pauvre roi fainéant, dix autres rois ou davantage, bien autrement actifs, vigoureux et entreprenants. L'Empereur n'exerçait qu'un droit vague de suzeraineté, de mouvance et de ressort sur ces grandes Maisons, qui ne prenaient point part aux élections germaniques et ont leur histoire distincte de celle de l'Allemagne ; et il en était à peu près de même des hauts prélats, un peu plus soumis en apparence, par principe, et à cause de leur éternelle rivalité avec les grands laïques, mais qui à l'occasion, par exemple dans les conflits entre les Empereurs et les papes, savaient fort bien, eux aussi, s'émanciper de cette tutelle. Il semble que Conrad se fût fait l'illusion que les chefs gagnés par lui l'aideraient à réduire les autres à l'obéissance : en fait, qu'arriva-t-il ? Les seigneurs favorisés acceptèrent les bienfaits, honneurs, charges, domaines, mais ne songèrent plus qu'à convertir ces dons en biens de famille héréditaires, sans se soucier de procurer au bienfaiteur le résultat espéré ; ils sentaient trop qu'ils eussent diminué leur propre liberté en attaquant, non sans courir de grands dangers, celle des autres. Admirons ici, dans le développement de la fortune d'Humbert Iᵉʳ, le parti qu'il sut tirer des circonstances. Principal défenseur de Princes sans puissance, il met d'abord à profit leur faiblesse, le besoin qu'ils ont de lui, puis se préserve de la vengeance de leurs ennemis en acquérant la protection d'un plus fort, auquel il devient non moins utile, et qui le récompense non moins magnifiquement : situation toute particulière, car les plus importants des seigneurs laïques, les comtes de Bourgogne et de Provence notamment, s'étaient gardés de suivre la même voie. (2) C'est ainsi qu'il reçoit pour

---

(1) M. Carutti, après avoir vivement défendu la théorie des trois mariages dans un long Appendice de son Umberto primo, p. 305-310, a supprimé cette dissertation dans les Appendices de ses Regesta, et déclaré, à propos d'une lettre du cardinal P. Damien donnée à tort comme un argument en faveur de cette opinion, que « son esprit maintenant était en suspens » quant à un tel sens : nunc vero animus mihi pendet. Reg. p. 35. — M. Cipolla a soutenu lui aussi les trois mariages, s'appuyant sur la critique allemande, loc. cit. p. 19 seqq. — M. F. Gabotto a abandonné les trois, mais pour en admettre deux, ce que je ne crois pas plus logique.

(2) M. Paul Fournier, *Le Royaume d'Arles et de Vienne*. Introd. p. XVII. Paris, Picard, 1891, in-8°.

prix de ses services premièrement l'Aoste, puis la Maurienne, le titre de marquis en Italie pour son plus jeune fils Odon, celui de comte de Belley pour son aîné Amédée, ceux de prévôts, puis d'abbés de Saint-Maurice pour ses autres fils Burchard et Aimon, l'évêché d'Aoste pour Burchard, celui de Sion pour Aimon, enfin la grâce de Burchard devenu l'ennemi de l'Empire. Rodolphe III et Conrad II ont fait de lui *le portier des Alpes* : c'est la raison d'être, la mission de l'État nouveau ; il a été créé pour l'utilité, pour la défense de l'Empire, et les successeurs d'Humbert Ier ne l'ont jamais totalement oublié. (1) Mais l'œuvre n'est qu'ébauchée ; la fusion n'est pas faite entre les pays de l'un et de l'autre côté des Alpes, l'unité n'existe même pas dans chacun d'eux pris à part : une multitude d'évènements, des obstacles de toute nature vont entraver les efforts des Princes de Savoie, compromettre souvent leur existence même et celle de leur État. Ils s'habitueront au danger, lutteront opiniâtrement contre l'obstacle, jusqu'à ce que leur labeur séculaire obtienne enfin sa récompense.

IV

On éprouva bientôt quels services le nouvel État alpestre pouvait rendre à la cause de l'Empereur en fermant les monts à ses ennemis. Un mouvement social fort intéressant, qui s'accomplissait en Italie et qui provoqua l'intervention de Conrad II, vint rendre l'espoir à Eudes de Blois et à son parti, non encore complètement abattus ni résignés à leur défaite. Le superbe

---

(1) « Quant à l'Empereur et à l'Allemagne, écrivait encore le duc Charles-Emmanuel au début du xviie siècle, c'est le vrai et droit appui de cette Maison, tant pour leur grande puissance que parce que ces États et ces Princes sont membres de l'Empire, qui est obligé de les défendre et de les protéger ; outre que cette Maison étant issue de celle de Saxe (c'était la croyance alors), aucune aide ne doit lui inspirer plus de confiance que celle de l'Électeur et des princes de Saxe : dell'Imperatore poi è della Germania, questo è il dritto è vero appoggio di questa Casa, tanto per la potenza grande quanto per esser questi Stati è Principi membri d'Imperio, il quale è obligato a diferlendi è protegerli ; oltre che, sendo uscita questa Casa di quella di Sassonia, non v'è il più fidato aiuto di quello dell'Elettore è Principi di Sassonia. » — Plus loin le duc recommande d'user à l'égard de la France d'une extrême prudence et de la plus vigilante attention ; et il exprime le regret de s'être trop lié à l'Espagne, au lieu de s'attacher à l'Empereur et à l'Empire. — *Ricordi del Duca Carlo Emmanuele I*, dans *Storia della Monarchia piemontese*, par Ercole Ricotti, t. III, p. 427 ; Florence, in-16, 1865. — Inutile d'ajouter que la situation des rois d'Italie n'a absolument rien de commun avec celle des comtes et des ducs de Savoie.

Héribert d'Intimiano, le prélat-roi de Milan, « à qui tout le Royaume obéissait sur un signe de son front, » (1) allié à Alric, évêque d'Asti, frère du marquis Olderic Manfred et son vrai successeur bien plutôt qu'Odon de Savoie, était entré en lutte violente avec la petite noblesse, les comtes ruraux et les Lodésans, qui, tous réunis, formèrent vers 1035 une association dite par quelques-uns de *la Motta*. (2) Une bataille eut lieu au Mauvais Champ (Malus Campus, Campo malo), non loin de Milan : (3) Héribert y fut vaincu, Alric tué (1036). L'extrême confusion qui s'ensuivit décida Conrad II à franchir les Alpes. Il célébra la Noël à Vérone (25 décembre 1036) et fut accueilli à Milan par l'archevêque avec de grandes démonstrations de fidélité ; mais de graves accusations s'élevaient contre ce prélat : l'Empereur convoqua une diète à Pavie, vers la fin de mars 1037, pour qu'il fût statué sur ces griefs. Des discussions sortit l'acte fameux connu sous le nom de *Constitution de Pavie*, qui changea l'état social de l'Italie. (4) L'archevêque refusa toute satisfaction, et fut enlevé par les soldats allemands. Subitement la scène changea : l'assemblée se dispersa ; l'animadversion contre l'altier prélat fit place à une explosion de haine contre l'étranger. Héribert put s'échapper : rentré dans Milan au milieu d'un délire d'enthousiasme, il y organisa la résistance, qui fut victorieuse ; Conrad II se vit contraint de s'éloigner des murs de la ville après un combat malheureux, livré le jour de l'Ascension (19 mai 1037). Héribert eut alors l'idée d'unir la cause de l'Italie à celle de la Bourgogne latine, d'arracher Eudes de Blois à sa sempiternelle guerre de Lorraine, où il profitait peu et risquait beaucoup, pour « l'introduire dans l'Empire romain » en ouvrant à son ambition, facile à fasciner, les plus

---

(1) Omne regnum italicum ad suum disponebat nutum, ainsi s'exprime l'Empereur Henri III dans un diplôme de 1047 en faveur de Crémone; Muratori, *Antiquitates Italiæ medii ævi*, t. VI, p. 218. — Sa domination s'exerçait sur tous un peu excessivement peut-être, immoderatè paululum dominabatur omnium, dit Arnoulf de Milan, son admirateur. Loc. cit., p. 14.

(2) Expression d'origine lombarde synonyme de rassemblement, selon Ch. B. de Vesme et Fossati. *Le ricerche della proprietà in Italia*, etc., dans *Memorie della R. Accademia delle scienze di Torino*, t. XXXIX, p. 435, 1886. — Cette explication est douteuse.

(3) Selon Sigonius près d'une localité dite *La Motta*, entre Milan et Lodi; noté sur le texte d'Arnoulf, loc. cit. — Ce serait là une autre origine du nom donné à la ligue par certains auteurs modernes.

(4) Cette Constitution établissait la féodalité en faveur des arrière-vassaux et de la petite noblesse, c'est-à-dire qu'elle substituait au régime du bénéfice révocable le régime du fief non révocable sauf dans le cas de manquement aux obligations jurées, héréditaire dans les mâles par filiation directe. — Mon. Germ. Hist., éd. in-4°, Legum sectio IV, p. 90, ou in-fol. Leges II, p. 39-40.

hautes et les plus brillantes perspectives. (1) Le comte avait repris décidément et ouvertement les armes, peut-être à la suite de l'échec d'une proposition qu'il aurait faite à l'Empereur de gouverner le royaume de Bourgogne comme son vassal, (2) peut-être simplement pour profiter des embarras de Conrad en Italie. Il était en Lorraine avec une forte armée, et il rêva, dit-on, d'envahir Aix-la-Chapelle et de tenir sa Cour de Noël dans le palais de Charlemagne, sûr de la victoire, croyait-il, après qu'il eut reçu un message de l'archevêque lui proposant une conférence publique à laquelle paraîtrait une députation italienne (3) Les députés furent envoyés : mais ne pouvant songer à joindre le comte par les voies ordinaires du Saint-Bernard et du Mont Cenis, qu'interceptaient le comte Humbert et les siens, ils prirent leur chemin vers les Alpes Maritimes et le rivage de la mer à travers la marche d'Albenga ; de là, par la Provence et le long du Rhône, à travers des pays amis, le voyage semblait facile. « Une dame fidèle, » dit le chroniqueur, (4) c'était la belle-mère du duc Hermann de Souabe, marquis d'Albenga, alors absent, (5) fit échouer l'entreprise : les ambassadeurs furent arrêtés par son ordre et livrés à l'Empereur, qui, sur ce qu'il apprit, fit condamner à la déportation en Allemagne les évêques de Crémone, de Verceil et de Plaisance, principaux auteurs du complot avec l'archevêque Héribert.

Les envoyés des conjurés ne fussent pas vraisemblablement arrivés à temps pour rencontrer le Comte, qui avait subi un sort encore plus triste que celui de ses alliés. Son obstination à vouloir conquérir la Lorraine avait fini par amener une prise d'armes générale dans ce pays : Hauts et Bas Lorrains étaient accourus, des Vosges à l'Escaut, sous les drapeaux de leur duc Gozelon et de son fils Godefroy. Eudes venait de prendre Bar-le-Duc, et il précipitait sa marche vers le sud, pressé d'aller « toucher les arrhes » de sa future royauté d'Italie à la conférence convenue, (6) lorsqu'il fut arrêté par la nombreuse armée lorraine (15 novembre 1037). Une bataille sanglante s'engagea :

---

(1) Il ne s'agissait de rien moins, selon l'Annaliste saxon, que de chasser ou de tuer l'Empereur pour mettre à sa place « le tyran de la Bourgogne » : Burgundiæ tyranno, quomodo ipse in romanum imperium... Augusto aut fugato aut negato (necato) introducatur. — Mon. Germ. Hist. Script. VI. p. 680.

(2) Ut sub eo regat Burgundiam, dit Sigebert de Gembloux, Mon. Germ. Hist. Script. VI. p. 357. Sigebert place cette négociation en 1036. Albéric de Trois-Fontaines en 1035. D. Bouquet estime, sans raison suffisante, qu'il y a erreur de la part de ces chroniqueurs, très postérieurs il est vrai, et que le fait doit être de 1032.

(3) Annalista saxo, loc. cit. p. 681.

(4) Quædam fidelis domna.... in hiisdem finibus commorans, qui habitait dans ces régions, dit l'Annaliste saxon, loc. cit.

(5) Epoux d'une Adélaïde différente de celle de Turin, et sa cousine, d'après l'opinion indiquée ci-dessus p. 52-53.

(6) R. Glaber, Hist. III. ix, 38, éd. Prou. p. 86.

six mille hommes, chiffre extraordinaire pour l'époque, y auraient péri, et parmi eux le malheureux comte de Blois; (1) son étendard fut porté à l'Empereur en Italie. (2) « Les Français, dit le chroniqueur de Saint-Laurent de Liège, ne s'avisèrent plus dès lors de faire des courses sur les frontières de Lorraine. » (3) L'imprudent roi Henri — il regretta plus tard sa funeste erreur — devait effectivement renoncer à revendiquer par les armes la Lorraine comme la région du Rhône ; et le dernier espoir d'affranchissement de la Bourgogne latine, peut-être même de l'Italie, gisait sur le champ de bataille de Bar-le-Duc. Une si opportune diversion permit à Conrad II de parcourir la Péninsule pendant près d'une année encore, sans que, toutefois, il parvînt à dompter Héribert. Comme il revenait le long de l'Adriatique, la peste fondit sur ses compagnons, enlevant la reine sa femme et le duc et marquis Hermann (18 et 28 juillet 1038). Lui-même, tombé malade pour ne plus se relever bien, regagna en septembre, avec les débris de l'expédition, les plaines de la Bavière.

L'aide qu'Humbert Ier avait prêtée à l'Empereur durant cette lutte et depuis son avènement était telle, elle pouvait lui être encore si précieuse, qu'on ne peut croire qu'il ait songé à atteindre les intérêts de ce comte lorsque le 16 mars 1039, à Cologne, sur l'avis de son favori Odalric, évêque de Brescia, il réunit « l'évêché de la cité de Maurienne » à celui de Turin en faveur du nouvel évêque Gui, que sans doute il voulait s'attacher, y ajoutant même des localités des diocèses de Genève, Grenoble et Tarentaise. (4) Cet acte a profondément surpris les historiens, qui y ont vu un non-sens absolu, et pensent qu'il ne fut jamais exécuté. On se demande d'abord comment l'Empereur osait supprimer un évêché de sa propre autorité, sans le concours de l'Eglise romaine. Il a bien tenté de l'expliquer dans le préambule du diplôme, où il pose le principe, fort remarquable, que tout le temporel des Eglises dépend de lui par la grâce de Dieu (5). Il ne supprimait point, à proprement parler, la dignité

---

(1) Gozelo dux Odonem comitem occidit. et cum eo ad VI millia homines. — Lambert de Hersfeld, *Annales*, Mon. Germ. Hist. Script. V, ou éd. in usum scholarum. p. 54. Hanovre. 1894. — Plusieurs autres mentionnent la masse des morts.

(2) Wipo, ch. 35.

(3) Nec apposuerunt ultra Francigenæ fines Lotharingiorum incursare. — M. Germ. H. Scriptores VIII. p. 272. ou D. Bouquet. t. XI. Ce chroniqueur raconte le combat en détail.

(4) Guichenon. Bibliot. sebus. p. 58. cent I. n° XCIII. — Besson. Mémoires. etc. Preuves. n° 6. p. 344. — Ceci signifierait que les chefs de ces Eglises avaient suivi le même parti que l'évêque de Maurienne. et également encouru la disgrâce impériale.

(5) Nous entendons disposer et ordonner des biens et droits des Saintes Eglises. nous y estimant autorisés par la Majesté et la Clémence divines : Sanctarum Ecclesiarum jura et res disponere et ordinare intendimus. divina nobis Majestate atque Clementia conciliari aliquantisper autumamus. — La langue est mauvaise. mais le sens est clair.

épiscopale de l'évêque de Maurienne, mais lui enlevait ses biens et droits temporels, qu'il transportait à celui de Turin, comme étant du domaine impérial. Il est clair que c'était là une véritable fiction juridique. Pour faire comprendre ce qui se passa, il convient de rappeler que l'évêché de Maurienne avait été autrefois distrait de celui de Turin par le roi franc Gontran, vainqueur des Lombards (572-574) : la vallée de Suse avait alors été unie à la Maurienne et au Briançonnais pour former le nouveau diocèse, qui fut soumis au siége archiépiscopal de de Vienne ; mais depuis l'affaiblissement et la division de l'Empire franc, les évêques et les comtes de Turin n'avaient pas cessé de travailler à ce que les évêques ds Saint-Jean fussent privés de toute juridiction et de toute autorité au-delà des Alpes, tandis que l'archevêque d'Embrun s'attribuait de son côté le Briançonnais. Réunir de nouveau l'évêché de Maurienne à celui de Turin, c'était l'enlever à l'archevêque de Vienne, ennemi de Conrad II, humilier et affaiblir ce prélat ; c'était aussi l'enlever, il est vrai, au nouvel évêque Thibaut, qui avait remplacé Evérard mort ou proscrit, et que les actes nous montrent ensuite d'accord avec Humbert aux Blanches-Mains. Thibaud avait commencé apparemment par provoquer lui-même le mécontentement impérial, soit par le fait et le mode de son élection, soit par ses efforts pour reconstituer le domaine épiscopal, œuvre à laquelle s'appliquait, nous le savons, ce prélat, et qui, vu les prétentions de ses prédécesseurs à la souveraineté d'une partie de la vallée en vertu d'une concession fort douteuse du roi Gontran en 579 (1), put très-bien donner lieu à des difficultés avec le comte lui-même, délégué et représentant de l'Empereur. Dès le temps de Rodolphe III le pays était troublé, les nobles avaient envahi une partie des terres ecclésiastiques. On cite une charte de 1025 ou environ dans laquelle l'évêque Evérard, faisant don aux chanoines de Saint-Jean de divers domaines, y ajoutait « toutes les églises du diocèse se trouvant alors aux mains des laïques », si le Chapitre pouvait les recouvrer (2). La condition privilégiée faite anciennement à nombre de prélats bourguignons, confirmée ou encore accrue au début du règne de Rodolphe III, excitait la jalousie des chefs laïques, qui profitèrent des troubles survenus ensuite pour satisfaire leurs convoitises. Il était indispensable d'arrêter ce désordre en fixant la situation de chacun : ce qui naturelle-

---

(1) V. à ce sujet M. E. Pascalein, *Le pouvoir temporel des évêques de Maurienne*, dans la *Revue savoisienne*, Annecy, 1899, 3 ; M. le chanoine Truchet. *Deuxième mémoire sur l'origine de la souveraineté temporelle des évêques de Maurienne*, dans les *Travaux de la Société d'histoire et d'archéologie de Maurienne*, 2ᵉ série, t. III, fasc. 2 (réponse à M. Pascalein) ; et un *Mémoire* plus ancien de Mgr Billiet, archevêque de Chambéry, sur *Les premiers évêques du diocèse de Maurienne*, dans le t. IV des Mémoires de l'Académie de Savoie.

(2) Mgr Billiet, op. cit., d'après l'*Histoire des évêques de Maurienne*, manuscrite, par Combet.

ment ne s'opéra pas sans résistances. Thibaut paraît pour la première fois avec le titre épiscopal dans une grande assemblée des évêques, comtes et hauts personnages du Viennois et du Valentinois tenue à Romans le 2 octobre 1037 sous la présidence du primat saint Léger (1); or c'était justement le temps où Eudes négociait avec les prélats italiens, et Léger était entré dans son parti (2). Le mécontentement de l'Empereur, dans tous les cas, ne dura pas; l'entremise et les soins de notre comte amenèrent probablement une réconciliation, et le diplôme de 1039 demeura sans effet.

Un autre évêque est cité aussi pour la première fois dans cette même assemblée de Romans : c'est Aimon évêque de Sion, troisième fils d'Humbert Ier, qu'on y trouve en compagnie de son neveu Aimon évêque de Belley. Le comte lui même, leur père et leur aïeul, y assistait-il ? On ne saurait le dire, la charte que nous possédons ne signalant pas les laïques ; cependant il figurait l'année précédente, le 3 novembre 1036, dans un synode de même nature, tenu à Vienne, et il signa seul avec le titre comtal, parmi d'autres laïques, un acte émané de ce synode portant une restitution de biens à l'abbaye de Saint-Ferréol de Grigny (3). Il est vrai qu'il était sans doute ici le représentant des intérêts de la reine Hermengarde, dont le consentement est stipulé dans cette pièce. On le voit en effet déclaré officielle ment l'*avoué* de cette reine dans un document un peu postérieur, une cession à Cluny de deux manses au comté de Genève, à Sillingy et Seys az, au nord-ouest d'Annecy, « pour le salut de mon âme, dit la donatrice, de celle de feu mon seigneur Rodolphe, qui repose dans le Christ, de celles de mon père et de ma mère, de mes frères et de mes autres parents... par mon avoué le comte Humbert, etc. » (4); formule de laquelle il res-

---

(1) *Cartulaire de Saint-Bernard de Romans*, par MM. Giraud et U. Chevalier, p. 89 seqq. n° 79, Valence, in-4°. 1877 ; De Manteyer, Les Orig., p. 396-397.

(2) C'est donc à tort que M. le chanoine Truchet soupçonne que Conrad II fut reconnu définitivement dans cette réunion (op. cit. p. 35); à moins qu'on ne suive l'avis de Mgr Billiet, qui la reporte, sans certitude du reste, au 1er octobre 1038; M. de Manteyer paraît avoir bien établi l'autre date.

(3) Carutti, p. 193-195, d'après D. D. Martène et Durand, *Veterum scriptorum et monumentorum... amplissima collectio*, t. I, col. 102-104, Paris, in-fol. 1724; De Manteyer, p. 393-395. — Grigny, canton de Givors, Rhône.

(4) Ego Ermengart regina... pro remedio animæ meæ, sive senioris mei Rotdulfi olim in Christo quiescentis, nec non patris et matris meæ, seu fratrum meorum et cæterorum propinquorum meorum... per *advocatum meum* comitem Hubertum, etc. — Chartes de Cluny, IV, p. 95; Cibrario et Promis, Rapporto, p. 102. — De Manteyer, p. 397-398, date la pièce raisonnablement du 4 juin au 4 septembre 1039, d'accord avec l'éditeur des Hist. Patr. Mon. Chart. I, col. 525, qui seulement a confondu Sillingy avec Fillinge, et émis, dans une note à propos d'une autre charte, des hypothèses très contestables.

sort encore qu'Humbert Ier n'appartenait point à cette agnation, puisque, bien que servant d'intermédiaire, il n'y est point adjoint. Un autre détail curieux est que la reine n'y comprend pas davantage, ni comme vivants ni comme morts, les deux fils qu'elle présentait à Henri II en 1016, et dont on ignore complétement la destinée.

La domination de notre comte dans la vallée et le comté de Maurienne n'est pas encore absolument démontrée par la charte de fondation du prieuré de Sainte-Marie de Coise, du 6 novembre 1036 (1), dite par les historiens piémontais *première charte (humbertienne) de Maurienne*; cependant la mention qu'elle contient de terres royales et comtales tenues par lui *dans l'évêché* peut être regardée comme significative à cet égard; mais les dites terres, il importe de l'observer, étaient dans le comté de Savoie, l'acte le porte positivement, et non pas dans celui de Maurienne. C'est une habitude des historiens de dire et de répéter que le pagellus de Savoie correspondait à l'archiprêtré ecclésiastique de Saint-André, un des quatre de l'évêché de Grenoble, dit plus tard *décanat de Savoie* (2); il suffit pourtant d'un peu d'attention pour s'apercevoir que c'est là une erreur assez grave. L'archiprêtré s'étendait un peu plus loin vers le nord sur les bords du lac du Bourget, comprenant Bourdeau et Aix-les-Bains (3), qui ne semblent pas avoir appartenu primitivement au pagellus; vers le sud, par contre, il ne dépassait pas l'Isère, tandis que le pagellus se développait le long des deux rives de ce cours d'eau, enfermant de ce côté une notable partie de l'évêché de Maurienne, que limitait la rive gauche de l'Isère depuis Notre-Dame des Millières jusqu'à la hauteur de la Rochette (en exceptant un groupe de quelques paroisses, les Mollettes, Villaroux et autres, laissées au diocèse de Grenoble) (4); le comté de Maurienne au contraire s'arrêtait à l'entrée de la vallée propre de l'Arc, vers le pont actuel d'Aiton (5). C'est en faveur du célèbre couvent de la Novalaise, au-delà des monts, et avec des moines tirés de ce couvent qu'était fondé le nouveau prieuré, qui devait longtemps en dépendre, par Marie,

---

(1) M. Cipolla a donné la meilleure édition de cette pièce dans ses *Mon. Novalic. vetust.* I, p. 161-166; éditée auparavant par Guichenon. V. Preuves p. 663-664. — Coise Saint-Jean-Pied-Gauthier, arr. de Chambéry, canton de Chamoux, à la rive gauche de l'Isère.

(2) Son ancien chef-lieu Saint-André, situé dans le territoire de la commune actuelle des Marches, canton de Montmélian, fut anéanti le 25 novembre 1248 (ou 1249 selon M. U. Chevalier) par la chûte du mont Grenier.

(3) J.-J. Vernier, *Dictionnaire*, p. 76. Il peut y avoir quelque doute, quant à Aix, sur la question de savoir si ce lieu était de l'Albanais d'abord ou de la Savoie.

(4) Mgr Billiet, op. cit.

(5) C'est aussi l'opinion de M. Vernier, qui dit que le comté de Maurienne correspondait à peu près exactement à l'arrondissement de Saint-Jean de Maurienne (p. 49).

fille de feu Meynier (Maginerius) et veuve de Hugues, souche
des sires de Chambéry, pour la grâce de son âme, de celle de
son mari, de celles de ses fils Hugues, enseveli par elle dans la
dite abbaye, Geoffroy (deuxième seigneur de Chambéry), Béril-
lon, Hubert, moine, Sigebod, Aimon, et de ses autres parents.
Les biens formant la dotation sont dits situés « au pagus de
Savoie... dans la vallée qu'on nomme de la Coise », limités de
trois côtés par « la terre *du roi et du comte Humbert* », du quatrième, au nord, par l'Isère, sur laquelle est un port cédé également (1). Ces expressions « la terre *du Roi et du Comte* »,
répétées deux fois dans l'acte, ont été alléguées, comme corro-
borant leur opinion, par ceux qui veulent qu'Humbert Ier ait
été comte du palais ; elles s'expliquent facilement sans le
secours de cette hypothèse (2).

On ne peut s'empêcher de rapprocher Aimon, le dernier
nommé des fils de Marie et sans doute le plus jeune, du donateur de Monterminod, gouverneur de la place inconnue de
Pierreforte (3). Les rois de Bourgogne, tenant de vastes domaines
dans ces parties, y avaient naturellement des forteresses et des
garnisons : Aimon en était commandant, et à ce titre put obtenir de la faveur royale de considérables avantages. Ainsi s'explique un document du 10 mars 1011 (date probable) (4) qui a
embarrassé historiens et diplomatistes, qu'on ne saurait cependant rejeter par la seule raison qu'il présente des particularités
prêtant à discussion. (5) Par cet acte, se faisant moine comme
son frère Hubert, « le clerc Aimon, fils de Hugues, professant
la loi romaine par sa nation », abandonnait au couvent de la
Novalaise, où il était près d'entrer, « de l'avis et de l'assenti-
ment de ses parents... l'Eglise de Saint-Martin de Voglans (au
sud du lac du Bourget, à l'est de la Leysse)... avec tout ce qui
était de sa propriété, à lui Aimon, dans les mêmes lieux » ;
puis, fort loin de là, le Villard-Asson (au nord-est d'Albert-

---

(1) In pago Savogiense, in agro Pignonense, in valle quæ dicitur
Cosia... et portum super Isera... Terminant autem ipse res a mane
terra regis sire Uberti comitis necnon Ota uxori Sigibodi, a meridie sive
ad occidente *terra regis et comitis*, a circio flumen que dicitur Isera. —
L'ager Pignonensis n'a pas été identifié d'une manière satisfaisante. —
Le port sur l'Isère attire l'attention ; la question de la navigabilité de
l'Isère, comme celle de la Durance, dans les divers âges, a fort occupé
les savants.

(2) V. ci-dessus p. 25, 40.

(3) Ci-dessus p. 36 et n. 3, 37.

(4) C'est celle que propose M. Cipolla dans l'édition critique de
cette pièce. Mon. Novalic. I. p. 190 seqq. — Guichenon. Bibliot. Sebus.
p. 53 donne 1012 ; les Hist. Patr. Mon. Chart. I col. 549, le 10 mars
1013.

(5) Tel est l'avis de M. Cipolla, bon juge en ces matières. Le texte,
de la seconde moitié du XIIe siècle, est, dit-il, d'une main fort inexpé-
rimentée, fourmille d'erreurs parfois corrigées par le copiste lui-même :
il convient ici d'être indulgent, même pour les lapsus historiques. —
Un faussaire eût probablement mieux fait.

ville, dans la vallée de Beaufort), deux manses à Poyat et un autre à Villaret (mêmes environs) ; puis des bois et autres biens sur le lac : en tout onze cent vingt-quatre jours de terre ; et en outre la moitié de la pêche de la Leysse inférieure, jusqu'au-dessus de Voglans, ainsi que de toutes les eaux qui entrent dans le lac, enfin sa propre pêche dans le même lac. La charte, confirmée par Geoffroy de Chambéry sa femme et ses fils, par Geoffroy de Viry et d'autres personnages, porte qu'elle a été « dressée au château qu'on nomme la Charbonnière », au-dessus d'Aiguebelle, en Maurienne (1). — Ainsi les seigneurs de Chambéry suivaient la loi romaine, qui, on le verra, était très-probablement aussi dès cette époque celle de la Maison de Savoie. Il est sûr qu'au onzième siècle le droit romain proprement dit dominait dans le Royaume de Bourgogne, peut-être sous la forme d'un de ces *Bréciaires* rédigés exprès pour les peuples barbares, tels que la *Loi romaine bourguignonne, Lex romana Burgundionum*, dont on a retrouvé le texte dans le recueil connu sous le nom de Papien. (2) La loi Gombette était dès lors généralement abandonnée ; la dernière profession s'en rencontre, croit-on, dans une donation à Saint-Just de Suse du 5 mai 1055 (3) — On aura été certainement frappé de l'importance des biens et des droits cédés par Aimon à son couvent, ainsi que de ce fait, qu'il ne signale le consentement de personne en-dehors de ses parents ; ce qui fait voir l'idépendance que sa Maison possédait, ou du moins revendiquait encore à cette date. Le moine d'ailleurs a bien pu transmettre des droits périmés,

---

(1) ....Monasterio sancti Petri quod est constructum in Novalis loco. Ego Aimo clericus, filius cujusdam Uguonis, qui professus sum ex nacione mea lege vivere romana. iussione et assensu parentum meorum, offero et dono ipsi monasterio.... ecclesiam sancti Martini de Voriglanno.... cum his omnibus ibi positis que mei sunt juris. Et insimul dono Villare quod dicitur Azone.... et duos mansos in loco qui dicitur Poya, iterùm alium mansum ....qui jacet in Vilare quod Richerium vocatur... Insuper dono medietatem totius terræ sive silvarum que extenditur à lacu usque.... et a flumine Lesie, et medietatem piscacionis ipsius fluminis usque ad superficiem montis qui est supra Voglannum. Mensura terre ujusmodi est.... quinquagenta et XXIII jugera.... sexcenta jugera.... Et medietatem piscacionis omnium aquarum que in lacum egrediuntur, et propriam piscacionem in ipso lacu... Hanc cartam offersionis.... laudavit et confirmavit.... domnus Vifredus de Cambariaco cum uxore et filiis suis.... et domnus Vifredus de Viriaco.... Actum infra castrum qui Carboneria dicitur. — L'antique Maison de Viry (près Saint-Julien, au sud de Genève), était donc, ce semble, apparentée à celle des premiers seigneurs de Chambéry.

(2) Franç. Forel. *Chartes communales du pays de Vaud*, dans Mém. et Doc. etc. de la Suisse romande, anc. série t. XXVII. Introd. p. XI. Il est toutefois difficile, observe l'auteur, de discerner les preuves et les détails relatifs à l'extension et à l'influence du droit romain dans les régions de la Suisse romande.

(3) Qui professus sum ex nacione mea lege vivere gundobada : deux témoins de l'acte font la même déclaration.— Hist. Patr. Mon. Chart. 1 col. 584.

devenus de simples prétentions ; l'article concernant la pêche, par exemple, bien qu'il ne s'agisse que d'un droit de moitié, paraît bien en contradiction avec la seconde donation, citée plus haut, d'Humbert Ier et de ses fils au prieuré du Bourget. (1) Il n'est nullement impossible d'autre part qu'Aimon eût tenu pour le roi le château de Charbonnière, (2) qui passa ensuite aux comtes de Savoie comme les autres domaines royaux de ces contrées ; (3) il n'est même pas absolument invraisemblable que le château ainsi dit, *qui dicitur*, ne soit celui de Pierreforte, dont le surnom de la Charbonnière aurait prévalu dans l'usage. Ce qui est sûr, c'est qu'avant 1054 le marquis Odon faisait frapper monnaie à Aiguebelle : (4) il devait donc alors être maître du château, bien que ce ne soit qu'en 1082 qu'un document authentique nous le montre sous le haut domaine de notre Maison, qui déjà à cette date l'avait inféodé à une famille vassale. (5)

Il résulte en somme des documents, le lecteur, je l'espère, s'en convaincra plus loin tout-à-fait, que ce qui s'était passé dans l'Aoste se renouvela dans la Maurienne : le comte fut placé à côté de l'évêque, qui auparavant tendait à absorber tous les pouvoirs en dehors de la souveraineté. Il était naturel que le nouveau maître distribuât à ses compagnons une partie des terres venues sous sa puissance ; et on a rappelé assez ingénieusement à ce propos, pour expliquer l'origine des seigneurs de Pontamafrey (Pons Amalfredi ; sur l'Arc, un peu au nord de Saint-Jean de Maurienne), le souvenir d'un prêtre Amalfred, possessionné au pays de Mions en Lyonnais, (6) qui en 976 passait un acte en présence d'un comte Humbert, (7) le même prétend-on que l'Humbert qui paraît dans la donation à Saint-

---

(1) Ci dessus p. 35, 36 et n. 1.

(2) M. Cipolla observe qu'il y a plusieurs localités de ce nom en Savoie : mais aucune autre ne paraît avoir mérité le titre de *castrum*. Notons aussi un détail, secondaire je l'avoue : les terres données au prieuré de Coise par l'acte de 1036, longées d'un côté par l'Isère, sont dites entourées des trois autres côtés par le domaine royal et comtal sauf cependant sur un point, vers l'est, dans la direction d'Aiguebelle où est signalé un bien appartenant à la femme de Sigebod, frère d'Aimon (ci dessus p. 61 n. 1).

(3) Ci dessus p. 19-20. Ce château n'est pas nommé dans les donations à la reine (ci dessus p. 18) ; mais Pierreforte ne l'est pas davantage.

(4) Carutti, p. 121 n. 1, d'après le *Spicilegium* de D. Luc d'Achery, t. III, p. 393 ; pièce reproduite et commentée dans divers ouvrages.

(5) Chartes de Cluny, t. IV, p. 752 ; document important et étudié à un autre point de vue par M. B. de Vesme, *Ottone II conte di Morinna*, dans *Bollettino storico-bibliografico subalpino*, t. VIII, 5, 1903, Turin.

(6) Mions, Isère, arr. de Vienne, canton de Saint-Symphorien d'Ozon, alors du pagus Lugdunensis, mais sur les confins du Viennensis.

(7) Donation à Cluny, un samedi de mai 976 ; Chartes de Cluny, II, p. 480 ; de Manteyer, p. 364-366.

Chaffre de 974 ou 977, (1) ou bien son père. (2) Un parent et homonyme de ce prêtre serait venu avec Humbert aux Blanches-Mains en Maurienne, s'y serait fixé, et devrait être regardé comme l'auteur des Amalfred signalés dans les chartes, du treizième au quinzième siècles, à Pontamafrey, Hermillon, Saint-Jean de Maurienne, Saint-Michel, Modane. (3) On pourrait dire qu'il y eut aussi des Anselme en Maurienne ; mais il est trop hasardeux de tirer des arguments de pareils indices en ce qui regarde l'origine ou les alliances de nos Humbert.

Dans l'Aoste comme dans la Maurienne Humbert Ier accomplit une œuvre d'apaisement, mit fin à des agitations, à des luttes dont nous ne percevons que de vagues échos. Au seizième siècle, à Aoste, on se souvenait encore de ses bienfaits, venant « après les péripéties de diverses guerres, qui avaient abattu cette cité jusqu'au ras du sol, et laissé durant de longs temps la vallée à peu près sans cultivateurs (4). » Les évêques, peut-être dès l'époque des Sarrazins, avaient dû abandonner le voisinage de la cathédrale, et se réfugier dans l'enceinte solidement fortifiée du monastère de Saint-Ours (5). La succession de Burchard de Savoie produisit vraisemblablement des difficultés, s'il est vrai que, comme le veulent les auteurs ecclésiastiques, le pape lui eût nommé un successeur par décret après son usurpation du siége de Lyon, en 1033 ou 1034. Burchard, mal sûr de conserver ce dernier siége, fit sans doute effort pour retenir au moins celui d'Aoste en prévision d'une pareille mésaventure, et lutta pour les deux à la fois. Le fait est que ses successeurs en Aoste sont hypothétiques, et que la liste en est incertaine jusqu'à la fin du siècle (6). Il est permis de supposer que, tant que vécut Burchard, aucun prélat n'osa ou ne put occuper sa place par suite de l'hostilité de sa Maison.

A Lyon, pour se protéger contre ses nombreux ennemis,

(1) Ci-dessus p. 10.

(2) Le même d'après M. de Manteyer, son père selon M. Carutti. — V. les arbres généalogiques à la suite des Origines du premier, et des Regesta du second.

(3) Hypothèse de M. le chanoine Truchet. Travaux de la Société d'histoire et d'archéologie de Maurienne. 2e s. III. 2. p. 5. séance du 6 novembre 1899.

(4) *Livre des Anniversaires de la cathédrale d'Aoste*, à l'année 1040. « lorsque (après cette époque malheureuse) régnait et commandait dans notre vallée d'Augusta des Salasses, porte ce texte. Humbert Ier, comte de Maurienne, fils de l'illustre Bérold de Saxe, etc.; regnante et principante in valle nostra Augustæ Salassorum Humberto primo comite Maurianensi, filio illustris Beroldi de Saxonia... post variorum anfractus bellorum qui hanc civitatem æquaverunt solo et feré vallem sine colono multis temporibus reliquerunt. » — Hist. Patr. Mon. Script. III. col. 656 ; Cibrario et Promis. p. 348.

(5) Tibaldi, op. cit. II. p. 144.

(6) Le P. Fedele Savio, *Gli antichi vescovi d'Italia : Il Piemonte*, p. 89. Turin, in-8e. 1899 ; Tibaldi, loc. cit.

Burchard fit élever, croit-on, le fort de Pierre en Cise ou Pierre Scise, *Petra Scissa*, qui dominait la Saône au-dessus de la ville, et qui servit de résidence à ses successeurs (1). Son aventure toutefois devait mal finir. En 1036, lorsque le comte de Blois reprit la guerre ouverte, l'archevêque, peut-être menacé lui-même, on ne sait, se mit aux champs pour le soutenir : il entra en conflit, en Transjurane apparemment, avec le lieutenant impérial Ulrich, fils de Séliger — le même personnage peut-être que ce Séliger qui avait porté à Conrad II les insignes de la royauté de Bourgogne (2), et qui aurait été récompensé par quelque commandement dans ces régions. Burchard fut vaincu, fait prisonnier, amené à l'Empereur, qui le condamna à la prison et à l'exil perpétuel (3). Tiré de captivité à l'avénement d'Henri III, à ce qu'on présume — ce fut sans doute une des grâces que le comte son père obtint à cette occasion — il se retira à l'abbaye de Saint-Maurice, où nous le retrouvons le 13 octobre 1040, prenant à la fois le titre d'archevêque et celui d'abbé (4). L'affaire de l'archevêché de Lyon ne fut réglée que plusieurs années après sa chute par Henri III, non sans de nouveaux embarras.

A peine remis des fatigues de son expédition d'Italie, Conrad II résolut de profiter de la victoire de son parti dans le royaume de Bourgogne pour assurer cette précieuse couronne à son fils Henri III, dit le Noir, déjà héritier présomptif du titre impérial, du royaume d'Italie, et roi en Allemagne. Il convoqua à Soleure, durant l'automne de 1038, une importante assemblée des principaux de l'Etat ; on n'a point de preuve qu'Humbert Ier ait assisté à cette diète : cela est fort présumable cependant. Dans des séances qui durèrent trois jours, l'Empereur s'efforça de gagner les esprits par une habile modération. Il ne sortit point du rôle de pacificateur pour lui-même, de celui de candidat à la royauté pour son fils ; il évita d'innover, de légiférer de son chef, ne chercha point à abaisser, comme il avait fait ailleurs, la haute noblesse. Il réservait seulement, en fin de compte, à son fils et à ses successeurs, Empereurs et rois de Bourgogne, ce qui était essentiel à l'exercice le plus réduit de la souveraineté (5). Cette prudence aida à un apaisement auquel chacun

---

(1) Le baron Gingins, les Trois Burchard, loc. cit. p. 346. Ce château, devenu plus tard une célèbre prison d'Etat, fut en partie renversé par le peuple en 1792. Il n'en reste plus rien aujourd'hui.

(2) Ci-dessus p. 41.

(3) Herm. contractus ad an. 1036. loc. cit. p. 122 ; R. Glaber. Hist. V IV 21. p. 131. éd. Prou.

(4) Hist. Patr. Mon. Chart. II col. 130, sous la date du 13 octobre 1039. contre laquelle s'élève M. de Manteyer. p. 524. n. 1.

(5) Sur la façon dont s'établit et dont agit cette souveraineté, je ne puis que renvoyer à la thèse de M. Louis Jacob, élève de l'Ecole des Chartes : *Le Royaume de Bourgogne sous les Empereurs franconiens,* 1038-1125 ; Paris. Honoré Champion. 5. quai Malaquais. 1906. — Je n'ai eu connaissance de ce travail qu'après que le mien avait été livré à

devait tendre, après tant de débats et de conflits sanglants ; on se rallia à un système qui ménageait tous les intérêts et ne semblait menaçant pour aucune liberté. « Le quatrième jour, dit Wipo, sur la demande et à la satisfaction des grands du Royaume et du peuple entier, l'Empereur céda au roi Henri son fils le Royaume de Bourgogne, et lui fit de nouveau jurer fidélité (1) ». Les électeurs qui se lièrent par ce serment représentaient assurément une partie très-importante du pays : leur décision devenait la loi générale, et ne fut pas contestée autant que l'avaient été les intronisations provisoires de Payerne et de Genève. Le couronnement solennel du nouveau roi se fit à l'église de Saint-Étienne, qui à Soleure servait de chapelle officielle. « au bruit des clameurs du peuple, disant qu'un Roi régnant avec César, c'était la Paix engendrant la Paix (2) ». Conrad II ne survécut que quelques mois à cette glorieuse cérémonie, son apothéose finale : la mort l'arrêta à Utrecht le 4 juin 1039.

---

l'imprimeur, et je tiens à déclarer que cette lecture ne m'a pas amené à changer *un seul mot* dans ce que j'avais écrit. Que M. Jacob me permette seulement une observation. Contre l'avis de presque tous les historiens, je crois, il voit un partisan de l'Empereur dans l'archevêque de Vienne saint Léger, « qui fut l'un des premiers à reconnaître l'autorité de Conrad en Bourgogne, et qui reçut en récompense de cette soumission la confirmation des priviléges de son archevêché » (p. 22). Et M. Jacob cite à l'appui de son opinion le diplôme de confirmation des biens et droits de son Église accordé à Léger par Conrad II à Spello, en Italie, le 31 mars 1038 ; Cart. de St-Maurice n° 35 ; de St-André le-Bas. Append., 51. Or, M. de Manteyer le faisait déjà remarquer, « la formule du précepte déclare que le souverain *espère ainsi le rendre plus dévot et plus prompt à son service... Le manque d'empressement des Viennois devait être visible, etc.* » (La Paix en Viennois, p. 184). En réalité, les soumissions de l'archevêque de Vienne paraissent avoir été politiques et forcées, et ses sympathies tout opposées. L'Empereur le savait et agit en conséquence.

(1) Quarta die, primatibus regni cum universo populo laudantibus atque rogantibus, Imperator filio suo Heinrico regi regnum Burgundiæ tradidit, eique fidelitatem denuo jurare fecit. Ch. 38, loc. cit. p. 70.

(2) Populo clamante et dicente : quod Pax Pacem generaret si Rex cum Cæsare regnaret. C'est la pensée que Wipo a exprimée ailleurs dans ce vers : Spes pacis crevit quam Rex cum Cæsare fecit, la confiance dans la paix s'accroît alors que le Roi l'établit avec César ; ch. 23, p. 56 — expression d'une sorte d'idéal politique au Moyen âge, particulièrement ecclésiastique et classique, de la puissance royale dominée et réglée par une puissance supérieure d'ordre et de paix, l'Empereur.

V

A la Noël de 1041, le chapelain impérial Wipo félicitait en vers pompeux son souverain de gouverner « dans la paix et le silence du monde, après un pacte affermi ». (1). Le poète manifestait cependant une inquiétude : « Mais aussi, ô roi, levez-vous, poursuivait-il, et, la Bourgogne vous le mande, venez, hâtez-vous : la foi des nouveaux sujets parfois chancelle en l'absence trop prolongée du Seigneur. » (2). Il est bien vrai que l'année précédente à Augsbourg, vers le temps de la fête de la Purification de la Vierge (2 février 1040), et à Ingelheim à sa cour de Pâques (6 avril), Henri III avait reçu des députations italiennes et bourguignonnes, et s'était réconcilié avec Héribert de Milan (3). Il est douteux néanmoins que toutes les contrées du royaume de Bourgogne eussent envoyé des représentants à ces assemblées ; en Provence notamment, les actes en font foi, Henri III ne fut jamais complétement reconnu (4), et son autorité y fut illusoire. Il avait donc besoin, pour soutenir cette foi « chancelante », des services de ceux qui la lui avaient acquise, et il prodigua les amitiés, les faveurs à tous les membres de notre Maison. Non seulement elle conserva la précieuse abbaye de Saint-Maurice, que l'évêque de Sion Aimon, qui en avait été abbé intérimaire, restitua à son frère délivré, gardant pour lui-même le titre de prévôt (5), mais Humbert aux Blanches-Mains eut tous pouvoirs pour s'entendre en Maurienne avec l'évêque

---

(1) Pacatusque silet firmato fœdere Mundus — Wipo. *Tetralogus.* v. 187 ; éd. in usum scholarum p. 15.

(2) Praeterea tibi. rex. mandat Burgundia. surge
Atque veni. propera : noviter subjecta vacilant
Interdum. Domino per tempora multa remoto.
Tetralogus. v. 203-205.

(3) Annalisto saxo, loc. cit. p. 684 ; *Annales Altahenses Majores.* Mon. Germ. Hist. éd. in usum scholarum p. 23. Hanovre 1891 ; Ann. Hildesheim. id. p. 45.

(4) Une charte des environs de Pâques en 1040 précisément porte : La Provence et la Bourgogne se trouvant sans roi ; et la formule du Christ régnant se répète dans d'autres de 1040. 1050. 1054. 1055. — Cartulaire de Saint Victor de Marseille n°° 188. 407. 412. 413, 427.

(5) Dans le document de Romans du 2 octobre 1037 (ci dessus p. 59 et n. 1) Aimon est qualifié « évêque de Sion et abbé de Saint-Maurice ; » il reparaît comme simple prévôt dans une pièce du 22 février 1056. Hist. Patr. Mon. Chart. II col. 142 ; et on le reverra abbé dans une circonstance où son frère dut s'éclipser, pour lui remettre encore une fois ou lui léguer ce titre.

Thibaut, que Conrad II avait voulu dépouiller. En 1040, ou du
moins entre le 4 juin 1039 et le 5 juin 1041 (1), Thibaut « le lieu
dont il était réputé l'évêque lui apparaissant comme détruit » (2),
c'est-à-dire pour réorganiser son évêché après les ruines et les
désordres produits par la guerre (3), attribuait à son Chapitre
un domaine consistant en terres, vignes et bois sis au sud de
Saint-Jean de Maurienne et à l'ouest de l'Arc. Cette dotation
parut insuffisante : le comte intervint pour l'accroître par deux
actes simultanés ou rédigés à peu d'intervalle l'un de l'autre en
présence des mêmes témoins, l'un daté du 14 juin, de l'année
1046 probablement (4), l'autre sans date. Sa détermination se
comprend facilement. Si l'évêque de Turin ne supportait pas que
celui de Saint-Jean exerçât son autorité dans le Val de Suse, qui
cependant était du diocèse de Maurienne, était-il possible que
le clergé, les seigneurs de Maurienne et le comte lui-même
admissent que le prélat transalpin étendit sa juridiction sur
leur vallée sous prétexte que jadis, il y avait cinq siècles, elle
avait appartenu à son diocèse ? Le bon droit était du côté de
l'évêque de Maurienne, puisque les papes, après quelque
opposition, avaient approuvé la séparation. D'après ce qu'on
sait des rapports tendus entre les deux Églises, il est clair
que celle de Maurienne repoussa énergiquement la réunion,
et que les Empereurs, mieux renseignés, renoncèrent à briser
sa résistance ; le comte Humbert, après l'avoir tolérée et secon-
dée, en venait à agir directement pour la reconstitution du
siége. Par le premier des deux actes cités, « Humbert comte et
Thibaut évêque de Maurienne, pour le remède de leur âme et
de celles de leurs parents », abandonnaient aux chanoines l'un,
Humbert, le domaine direct, l'autre, Thibaut, le domair, utile
de terres sises, cette fois, à l'ouest et au nord de Saint-Jean,
des deux côtés de l'Arc, l'évêque y ajoutant toutes les églises que
tiendraient des laïques dans le diocèse, quand bien même ils
allégueraient l'hérédité, les chanoines devant en cas de refus

---

(1) De Manteyer, p. 402 seqq. : Cibrario et Promis, p. 9-10 ; Hist.
Patr. Mon. Chart. II col. 139.

(2) Eo quod locus unde videor esse episcopus destructus mihi
videtur.

(3) C'est là selon moi le vrai sens de *locus destructus*, que les uns
ont interprété comme se rapportant au sac de Saint-Jean de Maurienne, les autres comme signifiant seulement la suppression du siège.
Pourquoi vouloir faire dire aux mots ce qu'ils ne disent pas ?

(4) C'est la date habituellement donnée : M. de Manteyer (p. 400)
préfère celle du 14 juin 1043. Or, on fait remarquer, en dehors de la
question diplomatique discutée, que l'évêque de Turin Gui, en faveur
duquel l'Empereur Conrad avait réuni les deux siéges, vivait encore
en 1043 ; il était de haute convenance de la part d'Henri III d'attendre
son décès, et par la même raison le comte dut ne point agir personnellement contre Gui, qui vraisemblablement avait mérité ou payé la
grâce impériale par d'éminents services.

interdire les églises et même renverser les autels (1). Ainsi la lutte entre les ecclésiastiques et les laïques, signalée sous l'évêque Evérard à la date de 1025 environ (2), n'avait pas encore cessé depuis vingt ans. Le second acte est émané du comte seul : il retenait sa vie durant la moitié des biens cédés dans quatre localités, confirmant du reste le don de ces biens aux chanoines, ainsi que celui « de tout ce que l'évêque Thibaut tenait précédemment par donation de lui. » (3). Ces derniers mots éclairent ce qui a été dit (4) de la situation respective de l'évêque et du comte après la conquête : Humbert, disposant au nom du roi des terres épiscopales, les avait données ou restituées si l'on veut à l'évêque Thibaut, mais en retenant le domaine direct ; le prélat à son tour abandonnant aux chanoines les droits utiles ainsi acquis, le comte y joint sa directe, sauf une réserve viagère. Une telle convention est une marque évidente du rétablissement effectif de l'Evêché et du Chapitre avec leurs dotations grâce au concours du comte, de l'approbation au moins tacite du Roi, on n'en saurait douter, bien qu'Henri III se fût toujours abstenu, ce semble, d'abroger formellement le décret paternel ; ce ne serait qu'en 1061, sous Henri IV, qu'un autre diplôme impérial aurait rétabli officiellement le diocèse (5). On prétend que du moins l'église de Maurienne abandonna définitivement le Val de Suse à celle de Turin (6) : telle n'est pas l'opinion de l'érudit archevêque de Chambéry, Mgr Billiet, qui montre preuves en mains les deux clergés continuant à batailler à ce propos jusqu'en 1262 (7); et lorsque, une vingtaine d'années après l'époque où nous sommes, la marquise et l'évêque de Turin disposèrent de Sainte-Marie de Suse en faveur des chanoines d'Oulx (8), le clergé susain résista avec obstination

---

(1) Ego Humbertus comes et Theobaldus episcopus maurianensis pro remedio animæ nostræ et parentum nostrorum donamus... in canonica b. Joannis Baptistæ... quæ transfundimus ad locum cui est vocabulum s. Joannis Baptistæ. ego dominicaturam episcopus vero feuatariam sicut possidemus et episcopus donat ibi omnes ecclesias quas laïci tenent vel unquam tenebunt in suo episcopatu licet per hæreditatem aliqua amplius sibi querere videbuntur ea ratione si noluerint ecclesias reddere canonici interdicant illas ac etiam altaria sternant. etc. — Cibrario et Promis. Rapporto p. 95, sous la date fausse du 14 juin 1007 ou 1008.

(2) Ci-dessus p. 58 et n. 2.

(3) Ego Humbertus comes... dono. necnon omnia quæ Theubaldus episcopus per meam donationem tenere videbatur. etc. — Guichenon, Preuves. p. 6 : Besson, Mémoires. preuves n° 7, p. 346.

(4) Ci-dessus p. 51.

(5) Carutti p. 38.

(6) Le P. Savio. op. cit. p. 231. 233.

(7) Mém. sur les anciens év. de Maurienne. op. cit.

(8) La Grande Bulle. *Bulla Major*. de Cunibert. évêque de Turin. en 1065. dans le Cartulaire de l'Eglise d'Oulx. *Ulciensis Ecclesiæ Chartarium*. publié par Berta et Rivautella. doc. XXIV. p. 25. Turin. in 4° 1753 ; C. Cipolla. Etude sur cette Bulle. dans Mem. della R. Accad. delle Scienze di Torino s. II t. L. 1901 ; il donne le texte en appendice.

(1). Il n'y avait donc pas eu accord entre les deux Eglises, ou bien l'accord ne dura pas ; il y aurait eu peut-être plutôt entente entre le comte Humbert et son fils le marquis Odon. Il est à remarquer que les deux pièces dont il est question ci-dessus ne sont signées ni de l'évêque ni du comte contractants, mais seulement « d'Aimon, neveu du comte », le fils de Burchard de Saint-Genis, et en dernier lieu d'un Odon (2). Il n'est pas impossible qu'Humbert Ier vieilli ait confié à son neveu le lieutenance de la vallée.

La condition du clergé de l'Eglise épiscopale d'Aoste, en 1040, n'apparaît pas beaucoup plus prospère que celle du clergé de Maurienne (3), et le comte dut également lui assurer une dotation. Les Chapitres de Saint-Jean et de Saint-Ours reçurent de lui, par une espèce d'acte testamentaire, des domaines à Avise, en amont d'Aoste, et au Val Digne (vallée supérieure de la Doire), de plus tous ses biens meubles en Aoste sauf les personnes humaines ; le tout offert par le donateur « pour le salut de son âme et des âmes de ses parents », que malheureusement de nouveau il ne nomme pas, avec réserve de l'usufruit sa vie durant (4). Chose digne de remarque, aucun évêque n'intervient ici, comme en Maurienne et comme il était naturel dans une disposition relative au Chapitre épiscopal : c'est apparemment qu'Humbert n'avait pas consenti à en admettre un autre en Aoste que son fils, que d'autre part il ne pouvait reconnaître à raison de l'anathème pontifical (5). Les gens d'Eglise, toujours précautionneux, avaient fait laisser sur l'instrument de cet acte un intervalle en blanc au-dessous des seings du donateur, des cinq témoins et des deux garants, et au-dessus de celui du vice-chancelier d'Aoste, afin que les héritiers et Princes de la Maison pussent y signer à leur passage dans le pays ; et on voit effectivement à cet endroit les signatures « d'Odon... d'Amédée, comte... d'Aimon évêque de Sion...

---

(1) Ulc. Eccles. Chart., Préface p.. xxii seqq.

(2) Signum Aimonis nepotis ejus... signum Odonis.

(3) Cf. ci-dessus p. 64 et n. 4.

(4) Ego Hubertus comes in nomine Christi. propter... animæ meæ remedium parentumque meorum animarum. etc.: Hist. Patr. Mon. Chart. I col. 530. — Quel dommage, s'écrie M. Carutti. que songeant à l'âme de son père il n'en ait pas écrit le nom ! Ni ma dissertation. ni celles de tant d'autres n'eussent ennuyé les lecteurs ! Peccato che egli. pensando all' anima del padre. non ne abbia scritto il nome ! La mia e tant' altre dissertazioni non avrebbero noiato il mondo ! — Certes chacun s'associera à un tel regret. mais non pas à la sentence que l'honorable sénateur prononce contre lui même et contre les autres.

(5) Ceci confirme l'hypothèse émise plus haut p. 64. L'article du Livre des Anniversaires de l'Eglise d'Aoste dont une partie est citée au même lieu (n. 4) et qui se rapporte à l'année 1040. mentionne comme faite la même année la donation expliquée ici. ajoutant qu'à lors siégeait l'évêque Arnoulf. Cet évêque est totalement inconnu des auteurs ecclésiastiques. V. le p. Savio op. cit. p. 89.

de Burchard fils du comte Humbert... de Pierre, marquis, fils
du marquis Odon et de la comtesse Adélaïde (1) ». L'ordre de
naissance des quatre fils d'Humbert Ier n'est point observé, ces
personnages ayant signé à la suite l'un de l'autre, chacun dans
le moment où la charte lui était présentée. Odon ne prend pas
le titre de marquis, parce que lorsqu'il signa son autorité ne
s'étendait pas encore sur la vallée ; au contraire son fils Pierre
le prend, parce qu'une telle autorité lui appartenait et qu'il
était chef de l'Etat quand il approuva l'acte à son tour. Amédée
porte son titre de comte : circonstance embarrassante pour les
partisans des deux branches, qui ne contestent pas d'ailleurs
qu'il s'agisse bien ici du fils d'Humbert aux Blanches-Mains (2);
en effet, s'il existait alors un autre Amédée comte de Savoie-Belley,
quel comté attribuer à son homonyme ? Nous aurons donc encore
en celui-ci un comte sans comté ? Car on constatera plus loin,
par la comparaison de toutes les pièces où il parait, qu'un seul
peut lui être reconnu, celui de son père et de ses ancêtres, celui
de Savoie-Belley, et qu'il est impossible que du vivant de son
père il en ait tenu aucun autre. Burchard III enfin ne signe
qu'en qualité de fils du comte Humbert ; il ne pouvait évidemment prendre ici la qualification d'archevêque ni d'évêque, vu
sa situation délicate en tant que prélat vis-à-vis de l'Eglise en
général et de l'Eglise d'Aoste en particulier.

Nombre de documents prouvent d'ailleurs que, si l'on doit
tenir le plus grand compte des titres ajoutés aux signatures
dans les actes, l'absence de ces titres ne veut pas toujours dire
que le signataire ne les possédait pas. Le 21 janvier 1042 Humbert Ier donnait au prieuré de Saint-Laurent de Grenoble,
dépendant de Saint-Chaffre, l'Eglise de Sainte-Marie du lieu
« dit Lavastrone dans les anciens temps » puis les Echelles
(Scalare), dans l'évêché de Grenoble (archiprêtré de Viennois)
avec les autres Eglises de la même paroisse alors détruites —
on ne sait par quelle cause, peut-être bien dans la guerre contre
Eudes de Blois; la charte est signée d'Humbert, comte, de Burchard, *archevêque*, d'Aimon, *évêque*, d'Amédée, *sans titre*,
d'Odon, *de même*, puis des témoins (3). Observons que les biens

____

(1) Oddo firmavit et laudavit — Amedeus comes firmavit — Ayno
sedunensis episcopus laudavit et firmavit — Brochardus filius Huberti
comitis laudavit et firmavit et corroboravit — Petrus marchio filius
Oddonis marchionis et commitissæ Atalelda laudans firmavi.

(2) Carutti p. 105-106. Amédée, dit l'auteur, peut avoir signé plus
tard, après la date de l'acte. Sans doute : mais la difficulté n'est ainsi
qu'un peu reculée, puisque deux ans après, le 10 juin 1042, nous
retrouvons le fils d'Humbert Ier avec le titre comtal. Il faut voir la
peine que M. Carutti se donne pour sortir de là (p. 126-127). Sur ce
qu'on a imaginé à cet effet, voir plus haut p. 45 et n. 1.

(3) ....Dominus Upertus comes, volo aliquid cedare *de hereditate mea,
que mihi ex conquista obrenerunt* ad monasterium Calminiacense....
Resident autem ipsas res in episcopatu Gratianopolitano, in loco que
nominant Scalare quod antiquitus vocatur Lavastrone, hoc est Eccle-

cédés étant dits « de l'héritage et des acquêts » du donateur, ne pouvant dépendre par conséquent que de lui-même et de ses hoirs, il est impossible de comprendre comment un archevêque proscrit, ennemi du pape et des moines donataires, interviendrait ici s'il n'était pas fils du bienfaiteur ; et s'il l'était effectivement, s'il est le même Burchard qui a signé la pièce précédente de 1040, le système des deux branches de nouveau tombe par terre, puisque ceux qui le soutiennent veulent qu'il y ait eu deux Burchard fils de deux Humbert différents. Mais il existe une confirmation subséquente de cet acte, du 10 juin 1042, à la suite de laquelle nous trouvons les seings d'Humbert, comte, de Burchard, *archevêque*, d'Aimon, *sans titre*, de Mallenus, évêque (de Grenoble), d'Amédée, *comte*, d'Odon, *sans titre*. Ce document a été dicté, cela est clair, par la méfiance des moines, qui auront demandé la garantie de l'évêque du diocèse, et en outre celle plus formellement exprimée des héritiers civils du Comte, Amédée et Odon, que le donateur associe en effet à son œuvre dans le texte même de la charte ; c'est pourquoi aussi sans doute Amédée signe avec son titre de comte (1). Mais quelle garantie pouvait apporter la signature de Burchard ?

---

sia Sancte Dei genitricis Marie.... necnon et Ecclesias que site fuerunt in eadem parrochia, que nesdum rehedificate sunt, totum et ab integrum dono Deo et santo Laurentio et ad Santos supradictos... Ego Hupertus comes manibus meis firmo.... S. Brocardi *archiepiscopi*. S. Aimoni *episcopi*. S. Amedei. S. Oddonis. etc. — J. Marion. Cartulaires de saint Hugues. p. 31 ; U. Chevalier. Cart. de Saint Chaffre. p. 172.— On voit que, comme il a été dit (p. 35. n. 3), les acquêts sont compris dans l'*hereditas*. La bourgade des Echelles est située sur la rive droite du Guiers vif, qui plus tard sépara le Dauphiné du comté de Savoie, et faisait par conséquent partie de ce dernier comté, de même qu'elle est aujourd'hui du département de la Savoie (ch.-l. de canton, arrond. de Chambéry); mais au temps d'Humbert Ier elle était du Viennois, du comté de Salmorenc selon M. de Manteyer (La Paix en Viennois, p. 115). Lavastrone est une altération de *Labisco*, nom antique de ce lieu (Carte de Peutinger); le nom postérieur et actuel vient des *échelles* par lesquelles on franchissait, à trois kilomètres à l'est, une formidable barrière de rochers, échelles rendues plus tard inutiles par les belles routes de Charles-Emmanuel II en 1670, surtout de Napoléon Ier entre Grenoble et Chambéry (J. J. Vernier ; Dictionn. p. 378-379 ; Aymar du Rivail. *Description du Dauphiné*, trad. du liv. I par Antonin Macé. Grenoble, in-12, 1852). M. André Perrin rapporte aux Sarrazins, sans preuves, la destruction de plusieurs églises de la paroisse des Echelles notée ici. (*Le Trésor de la chapelle du château des Echelles*, dans *Miscellanea di Storia Italiana*, 3e s. t. III p. 95 ; Turin 1897). Sur l'abbaye de Saint Chaffre à cette époque, v. DD. Devic et Vayssète, Hist. du Languedoc, t. III, p. 316.

(1) Sacrosancta Dei Ecclesia sita in pago qui antiquitus vocabatur Lavascrone (sic), modo vocatur ad Scalas, in honorem sanctissima Maria dicata in episcopatu Gratianopolitano seu aliis Ecclesiis omnino destructis et reaedificatis : Ego Humbertus comes *et filii mei Amedeus et Odo* donamus omnes supradictas Ecclesias cum uno manso S. Petro Ca... ensis Ecclesia sanctoque Theofredo necnon S. Laurentii Gratia-

Pourquoi aurait-il signé ici encore s'il n'était pas fils du comte
bienfaiteur ? — Un détail d'une haute importance est à signaler
dans cette pièce, refaite sur l'autre et mieux dressée : Nous
cédons tout ce domaine, dit le comte, « dans les formes et
conditions prescrites par notre loi, taliter concedimus qualiter
lex nostra concedere præcipit. » Or on lit dans une autre charte
bourguignonne de 1042 précisément : « Dans les formes prescrites par notre loi *romaine*, qualiter lex nostra *romana* concedere præcipit (1) ». Il est fâcheux que notre texte soit moins
explicite, et ne renferme pas le mot qui aurait fixé d'une
manière plus certaine la loi professée dès ce temps par notre
Maison : mais l'identité de la formule n'est-elle pas probante,
s'il est vrai, comme on l'affirme, que les donateurs ou contractants d'autres lois ne l'employassent jamais, même sans le mot
qui la complète (2) ? Et la conséquence de ceci est considérable,
car il devient par là invraisemblable qu'Humbert aux Blanches-
Mains fût le fils, ou même fût descendu d'un seigneur d'une
autre loi. On prétend, il est vrai, que les donateurs purent
opter pour la loi romaine parce qu'ils traitaient avec des clercs :
argument discutable et nullement concluant, bien loin de là !

Nous ne rencontrons plus le nom d'Humbert Ier que dans un
seul document, mais il est capital : c'est le testament de son
neveu Aimon, non daté, postérieur cependant à l'année 1046,
puisque, nous l'avons vu, Aimon vivait encore probablement à
cette date (3). Le testateur, « saisi par la main de Dieu et placé
dans l'appréhension de sa fin... pour le salut de son âme, des
âmes de son père et de sa mère, *de l'évêque Odon, du comte Aimon*
et de ses autres parents », confirmait la donation de l'Église de
Saint-Genis, « lieu de la sépulture de son père », faite jadis par
ce dernier et par lui-même à l'abbaye de Saint-André de
Vienne, y ajoutant d'autres biens de son domaine propre aux
environs de Saint-Genis. Les seings sont ceux d'Aimon et des
témoins, « d'Humbert, comte, d'Amédée, comte, d'Aimon,
évêque de Sion, d'Odon, marquis, qui a visé et approuvé (4). »

---

nopolis monasterio... et ad sanctos supradictos *taliter concedimus qualiter lex nostra concedere præcipit...* Ego Hubertus comes manibus meis
firmo... Sigillum Brocardi *archiepiscopi. S. Aymonis. S. Malleni episcopi. S. Amedei comitis. S. Odonis. etc. — Guichenon. Preuves p. 7 :
Cartulaire de Saint-Chaffre, p. 173.

(1) J. Marion. Cart. de saint Hugues. Introd. p. LIII. — Qualiter lex
nostra *romana* obedire precipit, porte encore une charte de 1034, loc. cit.

(2) Carutti, p. 142 : il n'avait pas remarqué la charte citée par
J. Marion.

(3) Ci-dessus p. 70 et n. 2.

(4) ...Ego Aymo Dei correptione tactus constitutusque in fine
dubio... hoc est ecclesia Beati Genesii martyris... quo in loco genitor
meus supradictus requiescit. Pro redemptione itaque anime mee,
genitoris vel genitricis seu *Odonis episcopi et Aimони comitis,* cetero-
rumque consanguineorum meorum, confirmo helemosynam patris.
Insuper concedo etc. — Signum Aimoni, qui hanc cartam helemosy

Avant de céder ce bien entier, Aimon avait disposé déjà d'une partie par une autre charte également non datée, rédigée, ce semble, peu auparavant, de la main du même secrétaire, dans laquelle il rappelait son père Burchard et sa mère la comtesse Hermengarde (1). Nous sommes donc ici, sans aucun doute possible, en présence de cet Aimon qui se dit ailleurs le neveu d'Humbert Ier ; son testament signale et réunit des membres de trois générations de la Maison : après lui-même son père et sa mère, puis le comte Aimon, dont le nom est précédé de celui de l'évêque Odon, placé le premier par honneur dans la même génération, et qu'on peut présumer avoir été le frère du comte Aimon. Le testateur a évidemment passé de la génération de ses propres auteurs à une autre supérieure en faisant abstraction des collatéraux : sans quoi, après avoir désigné son père et sa mère, il eût nommé son oncle le comte Humbert ; l'évêque Odon pouvait donc être son grand-oncle, comme il a été déjà supposé (2) : nous ne connaissons pas au juste les motifs spéciaux pour lesquels il est signalé expressément par le testateur, mais il est très admissible qu'il y en ait eu. Le lecteur a déjà compris la conséquence de cette explication, s'il l'accepte. Nous savons que l'évêque Odon avait plusieurs frères (3) : or si un seul d'entre eux, le comte Aimon, est nommé ici, c'est qu'il devait avoir la principale importance ; c'est que c'était à lui apparemment que l'évêque Odon, rappelé peut-être ici pour cette cause, avait réservé ses acquisitions du pays de Traize ; c'est que sa personne avait le plus de relation avec celle du testateur et avec celles des mem-

---

nariam jussi fieri et manu propria firmavi et testes vocavi (suivent les noms de sept témoins). Signum domni Huberti comitis. Signum domni Amedei comitis. Signum domni Aimoni sedunensis episcopi. Signum ego Odo marchio recognovi et laudavi. — Ce visa du marquis Odon a été évidemment apposé plus tard, lorsqu'il était devenu le chef de l'État. — Cartulaire de Saint-André-le-Bas. p. 136.

(1) Ego Aimo *filius Burchardi et Ermengardis comitisse*, etc. — Aimon indique encore ici l'église de Saint-Genis comme le lieu de la sépulture de son père, loco sepulture patris mei. — Cartulaire de Saint-André, p. 137. — La ressemblance du style un peu prétentieux et de certaines formes dans les deux chartes fait juger qu'elles sont de la même main. Aimon n'avait certainement pas d'enfants puisqu'il n'en parle pas dans ces testaments ; et on peut inférer de leur teneur qu'il ne possédait point de domaines propres en dehors de la région de Saint-Genis : ce qui empêche de le confondre avec son homonyme le donateur de Monterminod, comme il a été dit ci-dessus p. 37.

(2) Ci-dessus p. 7. On comprend que dans des énumérations de ce genre il ne fût possible de citer, en dehors de la lignée directe, que des personnages intéressants à un titre particulier : on n'en faisait pas des généalogies, on y groupait simplement ceux de ses parents, alliés ou autres, auxquels on était le plus attaché, ou qu'on tenait à y mettre pour de certaines raisons.

(3) Ci-dessus p. 14.

bres de la famille signataires du testament ; c'est qu'il était leur prédécesseur, leur père et leur aïeul ; c'est qu'enfin ce personnage, déclaré inconnu par tous les écrivains, peut être regardé sans invraisemblance comme le PÈRE D'HUMBERT AUX BLANCHES-MAINS (1). Comte de Savoie-Belley, il a eu régulièrement pour héritier et successeur son fils aîné Humbert, qui lui-même a transmis le comté paternel à son aîné Amédée, ainsi que le feront par la suite tous les comtes de Savoie successivement. Amédée Ier signe effectivement ici avec le titre comtal immédiatement après le chef de la Maison, avant même l'évêque son frère. C'est le même Amédée qui le 15 décembre 1045, qualifié « comte de Belley », donnait une terre aux chanoines de Saint-Jean de Belley (2), et dont le fils Aimon, évêque de Belley, restitua plus tard à la même Église une autre terre que son père tenait d'elle à titre de prestaire (3). Il est remarquable que les douze chartes que nous connaissons concernant Amédée Ier, ou auxquelles il a mis son nom, sont toutes relatives à des localités du territoire de la Savoie actuelle et du Bugey (4), sauf une seule, celle de 1040 (donation aux chanoines d'Aoste), qu'il a signée avec ses trois frères dans des conditions particulières ; il avait donc ses intérêts, il commandait dans ces contrées et non ailleurs. Le savant bénédictin D. Estiennot, auquel nous devons la connaissance des deux donations à Saint-Jean de Belley rappelées ci-dessus, note qu'à son avis Amédée Ier abandonna le comté de Belley à la même Église : remarque historiquement fausse, car il est constant que les évêques de Belley, dont le domaine temporel direct était réduit au petit pays de Belley proprement dit, subissaient des droits comtaux élevés et fort gênants même sur ce domaine, et ne s'en débarrassèrent qu'en 1360 par un rachat onéreux. Il est bien vrai que les princes

---

(1) M. Dionisotti, auteur du livre *I Reali d'Italia d'origine nazionale, antichi è nuori* (1893), donne pour père à Humbert aux Blanches-Mains, qu'il appelle bizarrement Humbert *aux Blanches-Murailles* (Blanchis *murnibus*, et non *manibus*), non pas le comte Aimon dont il est parlé ici, mais Aimon de Pierreforte, fils selon lui du marquis Anselme (?), fils d'Anselme comte de Nyon et d'Aoste (?).

(2) Ego in Dei nomine Amedeus, comes Bellicensium, dono sancto Joanni Baptistæ Belicii et clericis qui vocati sunt canonici ibidem servientibus, etc. — D. Estiennot, *Fragmenta historiæ Aquitanicæ ;* cité par C. Guigue, *Petit Cartulaire de Saint Sulpice en Bugey*, p. 25, Lyon, 1884.

(3) Ego Aymo Bellicensis episcopus terram quæ sita est in comitatu Bellicensi quam pater noster Amedeus sub nomine præstariæ habuerat, ecclesiæ S. Joannis Baptistæ in perpetuum dimisi. — D. Estiennot, Fragmenta, etc., cité dans la Gallia christiana, t. XV, col. 610.

(4) Actes de dotation du prieuré de la Burbanche, ci-dessus p. 33 ; du prieuré du Bourget p. 35 et 36 ; donation à Cluny de Monterminod p. 36 ; de l'Église du Bourget p. 37-38 ; de deux autres terres p. 38 ; de l'Église des Echelles à Saint-Chaffre p. 71-72 ; testament d'Aimon p. 73 ; enfin les deux donations à St Jean de Belley, ci-contre.

de la Maison humbertienne ne relevèrent jamais plus tard le titre de comte de Belley; seulement D. Estiennot n'avait pas prêté attention à ce fait que les comtés de Belley et de Savoie, dès le onzième siècle et même auparavant, n'en formaient réellement qu'un, dont les comtes, tout en conservant leur juridiction ancienne dans le premier. ne reprirent que le titre de l'autre, devenu pour eux le plus important. Ce nom de Savoie (Sapaudia) avait, en effet, désigné dans les anciens temps une vaste région, sur laquelle maintenant ils étendaient ou cherchaient à étendre leur puissance (1).

Ce comte Aimon *le Vieux*, qu'on peut conjecturer avoir été le père d'Humbert Ier, décédé probablement déjà en 1003, alors que nous voyons son fils prendre pour la première fois le titre de comte, (2) florissait au temps de la guerre des Sarrazins, à laquelle assurément il prit part; et il est impossible à ce propos de ne pas songer à cet Aimon dont la Chronique de la Novalaise rapporte l'histoire, (3) qui vivait parmi les Maures du Fraxinet, les trahit après une dispute pour une belle femme qu'on lui avait ravie, et guida les chrétiens à l'assaut de la forteresse sarrazine (vers 972-973). « Sa race subsiste encore de nos jours. » (4) ajoute le moine historien, qui écrivait précisément à l'époque où nous sommes arrivés, ou peu après. Si ce personnage, observe M. Carutti, « pouvait être inscrit parmi les Humbertiens, nous aurions un indice plus sûr de leur patrie d'origine : les ancêtres du Connétable (Humbert Ier) seraient descendus de la Maurienne, etc. » (5) Cela est-il bien sérieux ? Il ne manquait plus que de présenter comme un ancêtre possible de la Maison de Savoie un pirate maure ou deux fois traître et renégat : car M. Carutti présume qu'Aimon était non un sarrazin d'origine. mais un de ces « mauvais chrétiens » passés aux mécréants comme il y en avait alors : conjecture à laquelle

---

(1) Ce n'est pas le lieu de tenter de déterminer les limites de cette région. parce qu'elles sont contestées. et qu'il faudrait une dissertation pour les établir.

(2) V. ci-dessus p. 7.

(3) *Chronicon Novaliciense*. liv. V. 18 — dans C. Cipolla. Mon. Noval. vetust. II. p. 260-262.

(4) *Cujus genus nostris adhuc manet temporibus.*

(5) *Se quest'Aimone... si ascrivesse fra gli Umbertini. avremmo più certo indizio della patria loro originaria. Gli avi del Conestabile sarebbero discesi dalla Moriana. etc. :* p. 173: v. aussi p. 20 et 215. — M. Cipolla. mentionnant les identifications de cet Aimon proposées par les divers auteurs. ajoute qu'on pourrait peut-être encore songer. nonobstant toute difficulté. à Aimon II comte de Lomello. Il ne me semble pas que l'excellent critique ait produit là une hypothèse plus acceptable que les autres. Le chroniqueur parle d'Aimon de Lomello quelques lignes au-dessus de son récit de l'histoire d'Aimon le Sarrazin (liv. V. 15-16. p. 258). et il n'établit aucun rapport entre les deux personnages : le contraire résulterait plutôt de son texte. V. au surplus les notes de M. Cipolla lui même sur ce passage.

le texte de la Chronique paraît plutôt s'opposer, tout au moins sans base bien solide. (1) L'auteur n'explique pas mieux pourquoi cet Aimon serait originaire de la Maurienne. D'après lui *Frascenedellum*, nom employé par le chroniqueur pour désigner le Fraxinet, répondrait moins à la fameuse forteresse de la Provence qu'à un des *Fréney* de la Maurienne : (2) pure supposition encore, que rien ne semble autoriser suffisamment. Certes, un aventurier qui aurait amené des évènements aussi heureux pour le Monde chrétien que l'étaient la ruine du Fraxinet et l'expulsion définitive des Sarrazins eût pu être récompensé par le don d'un comté après sa conversion : en ce cas comment le chroniqueur n'a-t-il pas mentionné une circonstance si frappante, si importante ? Son couvent de la Novalaise était en rapports constants avec les marquis de Turin, les comtes de Maurienne, les évêques des deux pays, la Maison de Chambéry en Savoie : comment, s'il se fût agi de l'ancêtre de la famille devenue dominante dans ces contrées, se fût-il contenté de la simple indication qu'il donne comme en passant que « sa race subsiste encore ? » Il eût autrement rapporté, cela est certain, un évènement si extraordinaire, touchant de si près aux intérêts de l'abbaye dont il écrivait l'histoire. Souvenons-nous d'autre part des honorables épithètes que des contemporains notables et instruits joignent aux noms de l'évêque Odon, frère ou tout au moins parent d'Aimon de Belley, et de Burchard III, de la même Maison : *illustris stemate*, de souche illustre, dit du premier l'archevêque de Vienne saint Thibaut ; (3) *genere nobilem*, de noble race, dit de l'autre le chroniqueur Hermann l'Estropié : (4) expressions qui évidemment ne sauraient s'appliquer à la famille d'un brigand converti. Remarquons enfin que la Maison de Savoie-Belley, dès que nous la rencontrons historiquement, peu après le temps de la chûte des *païens*, comme on disait alors, possède un évêché et un double comté ; qu'elle s'allie à la famille royale et à l'une des plus anciennes et opu-

---

(1) M. Cipolla a répondu avec beaucoup de sens dans ses notes (loc. cit.) aux hypothèses ou soupçons émis à ce sujet. Le titre du paragraphe dans la table du chroniqueur est : *De certain Sarrazin nommé Aimon. De quodam Saraceno nomine Aimone* (p. 241) : et on lit dans son récit : *Il y eut un d'eux* (des *Fusci*, des gens de couleur, des Maures), *nommé Aimon. Quidam eorum (Fuscorum) fuit, nomine Aimo :* le texte ajoute : *coetaneus illorum*, vivant de leur temps, ce qui ne veut rien dire. Coetaneus pour *consentaneus, associé à eux ?* Pour *capitaneus, un de leurs chefs ?* — Aimon, dit M. Carutti (p. 173 n. 2), n'est pas un nom arabe ni sémitique — soit : mais qu'est ce qui empêche de penser que le Sarrazin avait pris ce nom parmi les chrétiens, et que le chroniqueur, dans son ignorance, s'est imaginé qu'il correspondait à quelque nom arabe ?

(2) P. 21 n. 1 ; M. Cipolla, loc. cit. p. 240 n. 2 et 262 n. 1, s'oppose à cette identification.

(3) Ci-dessus p. 15, 16.

(4) Ci dessus p. 43.

lentes familles comtales de Bourgogne ; que ses domaines sont déjà dispersés du Léman aux environs de Vienne : y a-t-il là rien de commun avec la situation d'un mécréant reçu en grâce et récompensé pour une utile trahison, et celle de ses enfants ou parents ?

Ce n'est pas à dire que le comte Aimon *le Vieux* n'ait pas dû profiter lui aussi de la guerre des Maures pour accroître son patrimoine. et n'ait pas mérité déjà la faveur royale par ses services durant cette lutte. C'est ainsi sans doute que le petit comté originaire de Belley, resserré en 861 entre le Rhône et le Valromey, (1) reçut une partie de son extension postérieure. On peut constater encore aujourd'hui qu'une série de postes occupés par les Sarrazins dans le Bugey, le Petit Bugey, la Savoie passèrent d'eux aux comtes de Savoie-Belley. et restèrent toujours à leur Maison. (2) C'est là. autant que nous pouvons en juger, l'exorde primitif de leur haute fortune, mais ce sont aussi les premières traces de leur existence historique ; il n'est pas possible de remonter plus haut, et ceux qui l'ont tenté n'ont abouti qu'à former de vains systèmes, dont pas un n'a résisté à la critique de nos jours.

On aura remarqué que l'archevêque Burchard n'a point apposé sa signature au testament de son cousin Aimon, par une circonstance fortuite ou par un motif qui nous échappe, car on l'a fait à tort décéder un peu avant ce temps, le 10 juin 1046. d'après un extrait mal fait et mal compris de l'obituaire de l'Église de Saint-Jean de Lyon (3). Il vivait encore et était encore abbé de Saint-Maurice le 3 janvier 1069, et son prévôt était alors un Anselme. peut-être de la famille apparentée à la sienne. (4) C'est en vain qu'on a imaginé, pour maintenir la théorie des deux branches, que le Burchard de 1069 était le fils

---

(1) E. Philipon. Les orig. p. 104. 106. et passim.

(2) Je n'entreprendrai pas ici une étude sur ce point curieux. mais un peu en dehors de notre objet. V. surtout la *Géographie du département de l'Ain* par M. F. Tardy. utile publication parue dans le *Bulletin de la Société de Géographie de l'Ain* de 1883 à 1895. notices concernant les lieux occupés par les Sarrazins dans cette région : et l'article de Beaulieu : *Du séjour des Sarrazins en Savoie*. dans les *Mémoires de la Société royale des Antiquaires de France*. t. XVIII p. 240 seqq. — Le *Petit Bugey*. ou *Bugey savoisien*. continue le Bugey propre au delà du Rhône. à la rive gauche : il fait partie de la Savoie actuelle.

(3) L'erreur est du baron Gingins. *Les Trois Burchard*. loc. cit. p. 340 ; elle a été reproduite par M. Carutti. p. 107. et Regesta p. 45. V. les éclaircissements fournis par M. de Manteyer p. 524-526. d'après le texte véritable publié par M. C. Guigue. *Obituarium Lugdunensis Ecclesiae*. Lyon. 1867, p. 52.

(4) Cibrario et Promis. p. 34 : l'abbé J. Grémaud. *Documents relatifs à l'histoire du Valais*. dans Mém. et Doc.. etc. de la Suisse romande. t. XXIX p. 68. anc. série : M. de Manteyer. p. 525-526. — Burchard est encore signalé comme abbé dans une pièce antérieure. Hist. Patr. Mon. Chart. II col. 133 ; de Manteyer p. 524.

d'Humbert Ier, dans cette théorie diffèrent de Burchard III, lequel fils d'Humbert aurait pris l'habit religieux pour succéder comme abbé à son parent homonyme ou à son frère Aimon, et conserver ainsi l'abbaye à la Maison : assez piètre façon de rendre quelque peu vivant un personnage imaginaire, qui autrement resterait enseveli dans une nuit profonde. Il est bien vrai que, lorsque le pape saint Léon IX vint d'Italie en France, en septembre 1049, à l'occasion de la dédicace de l'église de Saint-Remi de Reims et pour d'autres raisons, il fut reçu au monastère de Saint-Maurice par l'évêque de Sion Aimon, auquel le Pontife, dans une bulle qu'il souscrivit alors en faveur des chanoines, attribua officiellement le titre d'abbé ; (1) mais il est clair aussi que Burchard III, condamné par le Saint-Siége, ne pouvait paraître en présence de Léon IX dans une telle circonstance, d'autant plus que parmi les prélats de la suite pontificale se trouvait le légitime archevêque de Lyon, Halinard ; Aimon reprit donc en cette occasion, du consentement du pape, le titre qu'il avait déjà porté dans une autre, et dans un pareil intérêt. (2) La complaisance de Léon IX s'explique facilement : parent de l'Empereur, il cherchait à lui gagner les prélats bourguignons, et ne pouvait user que des meilleurs procédés à l'égard des membres d'une Maison particulièrement chère à l'Empereur, avec le chef de laquelle il avait eu lui-même autrefois vraisemblablement quelques relations. (3) Aussi Aimon conserva-t-il sa confiance : nous le retrouvons auprès du Pontife à Ravenne en mars 1053, à titre de délégué du clergé, de la noblesse et du peuple du Velay et de la ville du Puy, en compagnie de l'archevêque de Besançon et de l'évêque de Grenoble, pour solliciter le maintien d'un évêque élu par l'Eglise du Puy, que le roi de France et le comte de Toulouse refusaient de reconnaître par des motifs intéressés ; le pape en effet sacra l'élu de sa main. (4) Aimon décéda le 13 juillet 1054 ; (5) son successeur Ermanfried fut chancelier du Royaume de Bourgogne, légat du pape, chargé de missions importantes, mais ne prit jamais le titre d'abbé de Saint-Maurice, ni l'autorité directe sur cette abbaye, qui, régie par un simple prévôt après la mort de Burchard III, continua de relever des chefs de notre Maison. Deux ans avant sa mort, le 12 juin 1052, Aimon avait fait dresser un testament indiqué déjà plus haut, (6) par lequel il cédait

---

(1) Hist. Patr. Mon. Chart. II col. 148 150 ; Guichenon. Bibliot. sebus. Cent. II. n° XLI. p. 95-96.

(2) Ci-dessus p. 57 et n. 5 ; De Manteyer. p. 527 528.

(3) Il avait pu voir Humbert aux Blanches-Mains quand il traversa le comté d'Aoste en 1026. Ci dessus. p. 30.

(4) DD. Devic et Vayssète. Hist. du Languedoc t. III p. 315. ch. V; Chartes. n° CXCIX ; De Manteyer loc. cit.

(5) L'abbé Grémaud. loc. cit. p. 66 ; De Manteyer. p. 528.

(6) Ci dessus p. 13; publié pour la première fois par l'abbé Grémaud. *Chartes sédunoises*, dans Mém. et Doc. etc. de la Suisse romande, anc. série, t. XVIII p. 340 seqq. ; reproduit par M. Carutti p. 208 210. et commenté p. 123-124.

aux chanoines de son Eglise de Sainte-Marie de Sion « certaines terres de sa propriété lui provenant par héritage et par donation *de son oncle le comte Ulrich* et de ses autres parents ». (1) L'oncle maternel d'Aimon porte ici le titre de comte, qu'il ne reçoit pas dans les documents précédemment cités où il est question de lui. (2) Est-ce une raison suffisante de penser que le comte Ulrich, oncle d'Aimon, diffère d'Ulrich, frère de Burchard II de Lyon et de saint Burchard de Vienne? Est-ce qu'il n'était pas facile à celui-ci, avec les puissantes influences dont il disposait, de se faire désigner comme comte au Valais à côté de l'évêque son neveu ? Burchard III d'autre part, fils comme Aimon d'Humbert aux Blanches-Mains, est dit *neveu* de Burchard II : (3) n'en résulte-t-il pas manifestement que la mère commune de Burchard III et d'Aimon, Ancilie, était, comme il a été dit, (4) la sœur (utérine) de Burchard II, comme elle était la sœur (germaine) de Burchard de Vienne, d'Ulrich et d'Anselme d'Aoste ? Pourquoi mettre à la place de déductions si naturelles des suppositions bizarres, en tout cas beaucoup moins simples et logiques, et qui s'accordent beaucoup moins bien tant avec les documents qu'avec les faits historiques, documents et faits dont un bon nombre même, le lecteur a pu s'en convaincre, sont inconciliables raisonnablement avec de telles hypothèses ?

Le testament de l'évêque Aimon, entouré des formes et des garanties les plus solennelles (5), ne parait pourtant pas avoir été exécuté ; peut-être par suite des décès, qui suivirent à peu d'intervalle, du comte Ulrich de Lenzbourg, chargé, à titre d'avoué du testateur, d'assurer l'accomplissement de ses volontés (6), puis du testateur lui-même ; peut-être par des résis-

---

(1) Quasdam terras mei juris quas *ab avunculo meo comite Oudolrico* habui hæreditate atque simul dono acquisivi... quam non ab Oudolrico, sed ab aliis meis parentibus acquisivi... sicut *avunculus meus Oudolricus* et alii mei parentes... michi dederunt et dimiserunt.

(2) Ci-dessus p. 12.

(3) Ci-dessus p. 12 et n. 2.

(4) Ci-dessus p. 13.

(5) C'est assurément une des plus longues, des plus minutieusement dressées et des plus soigneusement rédigées des pièces de ce genre au onzième siècle. Elle est datée « de l'église de Saint Paul, sise hors du mur de la ville », de Sion selon l'abbé Grémaud, de Rome selon M. de Manteyer : mais il n'est guère possible d'admettre cette dernière opinion. Aimon déclarant formellement « qu'il a remis l'acte de cette donation à Durand chancelier et à Didier secrétaire particulier, chanoine de Sainte Marie, en présence des soussignés Ulrich, comte et avoué etc. » — suivent les noms de sept témoins. A moins donc qu'on ne démontre qu'il n'y avait point d'église Saint-Paul dans le voisinage de Sion, ce dont l'abbé Grémaud ne dit rien, on est porté à croire que c'est bien dans ce voisinage que fut dressé cet acte.

(6) « Par la main du comte Ulrich, que j'ai constitué avoué de cette donation ; per manum Oudolrici comitis, quem advocatum hujus doni constitui. » — Le comte Ulrich de Lenzbourg, dont il s'agit ici, était

tances qui pourraient bien avoir été favorisées plus ou moins ouvertement par la Maison de Savoie, dont en tout cas elle profita. Le fait est que les biens énumérés au testament ne figurent pas parmi ceux du Chapitre de l'Eglise épiscopale de Sion dans un rôle du xi⁰ siècle que nous possédons (1); que nous trouvons des Maisons féodales installées fort anciennement dans plusieurs des localités désignées comme cédées. par exemple à Saillon, à Ayent, à Grangiols, à Sierre; qu'en outre la plupart de ces localités restèrent finalement aux mains des comtes de Savoie (2). En avantageant son Chapitre, l'évêque Aimon avait usé de la même politique que son père dans le Val d'Aoste et la Maurienne : mais le résultat fut bien différent ; loin de s'entendre avec les comtes ou de se laisser dominer par eux, les évêques de Sion successeurs d'Aimon leur résistèrent, devinrent leurs rivaux et leurs ennemis : de là le changement des dispositions de la Maison à leur égard. et le soin qu'elle prit sans doute de les empêcher de profiter du testament d'un de ses membres, de compte à demi avec la noblesse de la contrée.

La date de la mort d'Humbert I⁰ʳ n'est pas bien assurée ; on est assez d'accord aujourd'hui pour admettre celle du 1ᵉʳ juillet 1048, fournie par l'historien Henry Bresslau. d'après cette sèche mention de l'Obituaire du monastère de Talloires : *Obiit Upertus, amicus noster ; Décès d'Humbert. notre ami* (3). Tous les vieux auteurs placent traditionnellement le lieu de sa sépulture devant le grand portail de la cathédrale de Saint-Jean de Maurienne, et beaucoup croient que sa famille était originaire de ce pays ; on pourrait seulement inférer du fait. ce semble, s'il était démontré, que le vieux comte avait établi sa résidence en Maurienne à la fin de sa carrière pour être plus près de son fils Odon, laissant le comté de Savoie-Belley à gouverner à son aîné. La tradition ne reçoit que peu d'autorité de l'érection en

avoué non seulement de l'évêque. mais des chanoines et de leur Eglise (acte du 23 décembre 1053. Chartes sédun. loc. cit. p. 348); il donna même aux dits chanoines son alleu de Châteauneuf près Sion (Ch. sédun. p. 346). Le 13 mars 1054. l'avoué de l'Eglise canoniale de Sion n'était plus ce comte. certainement décédé. mais un *Upaldus* (Ch. sédun. p. 345 ; acte rectifié par l'abbé Grémaud dans les Doc. relatifs à l'hist. du Valais. loc. cit. p. 64 n⁰ 93).

(1) Ch. sédun. loc. cit. p. 348. La liste est longue : les chanoines devaient être fort riches. Il se comprend que cette opulence excitât les jalousies de la noblesse du pays. Si ces domaines échurent réellement au Chapitre. observe l'abbé Grémaud. il faut que ce rôle soit antérieur à la date du testament.

(2) V. ce que dit à ce propos M. Victor van Berchem. sur le fief d'Ayent en particulier. dans son étude : *Jean de la Tour-Châtillon.* Mém. et Doc. etc. de la Suisse romande. série II. t. IV p. 38 seqq.

(3) *Neues Archiv der Gesellschaft für ältere deutsche Geschichtskunde.* Hanovre. 1886. Band XI Heft 1. p. 102. Ce nécrologe a été retrouvé à Londres. *Musée britannique, Addit. manuser.* 22405.

cet endroit du beau monument ogival en pierre des montagnes voisines ressemblant à du plâtre (1) qu'on y voit aujourd'hui, vu la date très-postérieure de ce tombeau ; et beaucoup plus moderne encore est une inscription latine que les chanoines de Saint-Jean y firent placer en l'honneur « d'Humbert, d'Amédée Cauda (Amédée Ier) et de Boniface (décédé le 7 juin 1263), comtes de Maurienne d'abord ensuite de Savoie, qui après avoir acquis l'immortalité par leurs glorieuses actions reposent dans ce tombeau, etc. » ; inscription qui d'ailleurs renferme les plus grossières erreurs chronologiques et héraldiques, si ce n'est que la mort d'Humbert Ier y est bien datée de 1048, année sans doute aussi traditionnelle (2). L'historien Guichenon parle d'un inventaire des titres de l'église de Maurienne mentionnant un ancien parchemin sur lequel était signalée la sépulture des trois mêmes comtes à ce même endroit ; il ajoute que le 1er décembre 1325 le comte Edouard le Libéral établit dans cette cathédrale un service anniversaire pour les âmes des dits princes, et que le pape Félix V (Amédée VIII), par bulle du 28 mars 1447, accorda des indulgences à ceux qui feraient réparer l'église, « où plusieurs de ses prédécesseurs étaient inhumés. » (3). Ce sont là des indices plus sérieux. En 1771 le roi Charles-Emmanuel III ayant ordonné la construction du porche qui abrite le mausolée, on découvrit, en creusant la terre pour établir les fondations, dans une enceinte murée dont on n'avait plus aucune connaissance, cinq cercueils en maçonnerie, dont le plus grand et le plus remarquable, placé directement sous le mausolée et dans sa longueur, fut réputé celui d'Humbert aux Blanches-Mains ; on y trouva des ossements et un peu de terre, introduite là peut-être fortuitement longtemps après l'inhumation, renfermant plusieurs pièces de monnaie frappées sous les successeurs d'Humbert, également très-postérieures. Sous ce cercueil, en travers, en était un autre contenant, outre des ossements, un calice et une patère ; et on découvrit les mêmes objets dans un troisième cercueil situé immédiatement derrière, au nord, et le long du mausolée ; on présuma que c'étaient là des sépultures d'évêques de la Maison de Savoie. On ne remarqua dans les deux autres cercueils, non contigus au mausolée quoique toujours dans l'enceinte murée, que des ossements, qui dans l'un parurent être « ceux d'une jeune personne ». De très anciennes inondations avaient recouvert de terre tout le cimetière, et le niveau du sol s'était élevé de façon à le cacher entièrement (4). Rien par malheur n'assure authentiquement ni

---

(1) Et non en plâtre, comme le porte (ou le portait) le *Guide Joanne.*

(2) V. cette inscription dans Guichenon, t. I. p. 191.

(3) Guichenon, loc. cit. p. 192.

(4) Procès-verbal dressé en 1771 par le vassal Dom Claude-Marie de Mongenis, chevalier de l'Ordre des saints Maurice et Lazare, juge-mage de la province de Maurienne ; publié par M. A. de Gerbaix-Sonnaz, Studi storici, etc. vol. primo parte seconda p. VI. doc. B..

absolument l'identité des restes retrouvés dans le grand cercueil et de ceux d'Humbert aux Blanches-mains, et on peut encore moins savoir en toute certitude quels personnages étaient ensevelis dans les autres cercueils.

Le fils aîné d'Humbert Ier est admis le second dans la série des souverains de l'État de Savoie sous le nom d'Amédée Ier. Il était sûrement destiné à succéder à son père dans les pays d'en-deçà des Alpes, mais il lui survécut bien peu de temps ; il n'est même pas parfaitement démontré qu'il lui ait survécu. Les vieux chroniqueurs l'ont affublé du surnom de *Cauda*, la *Queue*, et en ont fait un grand favori de l'empereur Henri III ; nous ne le connaissons que par les pièces qu'il a signées, le reste est hypothétique. Le véritable successeur d'Humbert aux Blanches-Mains fut son fils cadet Odon, marquis de Turin ou d'Italie, qui déjà en 1051 disposait de terres sises en Tarentaise dont il ne pouvait guère avoir la possession qu'à titre d'héritier de son père et de son frère aîné, et qui le premier de sa race, grâce à la politique paternelle et à un concours heureux de circonstances, commanda de l'un et de l'autre côté des Alpes.

Les monuments qui subsistent d'Humbert Ier suffisent, ce semble, pour le faire regarder effectivement comme un politique plutôt que comme un guerrier. Il fut heureux, mais il sut aider la Fortune. À une époque sans cesse troublée par des luttes extérieures et civiles, nous le voyons tendre à unir, à restaurer, à pacifier. Il rétablit l'ordre dans l'Aoste et la Maurienne, en sauva et en releva les Églises ; et nous devons croire que dans toutes les contrées de son gouvernement il seconda de tout son pouvoir les efforts du haut clergé, qui alors multipliait les assemblées pour y faire jurer la *Paix publique*, puis la *Trève de Dieu*. Les prélats bourguignons se distinguèrent dans cette œuvre bienfaisante : ils dominaient au concile d'Anse, près de Lyon, tenu le 17 juin (?) 1025, où la Paix fut proclamée pour les comtés de Vienne, de Belley et de Salmorenc (1) ; et assurément Humbert Ier jura la formule qui fut alors imposée à tous les seigneurs de ces pays (2) ; de même qu'il accepta la « Trève de

---

d'après les Mémoires manuscrits d'Angelo Carena sur la Maison de Savoie, à la Bibliothèque royale de Turin, n° 815. M. de Gerbaix observe que les plans cités dans ce procès-verbal font défaut.

(1) Les Pères qui composaient ce concile étaient : les deux Burchard, de Lyon et de Vienne, Amizon de Tarentaise, Geoffroy de Châlon, Helmuin d'Autun, Hugues d'Auxerre, Humbert de Grenoble, Guigues de Valence, Azibald d'Uzès, Evérard de Maurienne, Anselme d'Aoste.

(2) Cette formule a été relevée en 1902 par M. Ernest Babut, ancien membre de l'École française de Rome, dans un manuscrit de la Bibliothèque municipale de Berne, et publiée, avec de longs commentaires, par M. de Manteyer dans sa brochure : La Paix en Viennois. Elle reproduit, sauf les changements nécessités par la différence des lieux et avec quelques articles ajoutés, une autre formule de Paix publique présentée au roi Robert de France, en 1023, par Garin ou Warin.

Dieu perpétuelle » promulguée à l'assemblée de Montriond près de Lausanne par les archevêques de Vienne, de Besançon et l'évêque de Lausanne Hugues, fils de Rodolphe III, pour les provinces de leur ressort, entre 1033 et 1036 (1). Les relations personnelles d'Humbert avec la plupart des auteurs de ces pactes engagent à penser qu'il en fut le zélé propagateur, sinon le premier et l'unique promoteur. Il est vain néanmoins de prétendre, comme on l'a fait, que ses qualités morales lui valurent son surnom connu, *aux Blanches-Mains* : comme qui dirait *aux Mains-Pures, aux Mains-Nettes*. Les surnoms se donnaient alors très-fréquemment d'après des signes physiques ; les mains, qu'on découvrait pour prêter le serment, acte fondamental de la vie féodale, étaient un objet de grande attention ; des mains blanches, c'est-à-dire celles que ne souillait jamais aucune occupation servile, étaient réputées signe de haute noblesse, on

---

évêque de Beauvais, qui l'avait fait admettre des évêques et des seigneurs de la province ecclésiastique de Reims (M. Pfister, op. cit., Diplômes inédits, p. LX. et plus loin p. 170 171). « C'est, dit M. de Manteyer (p. 99), la paix imposée au pouvoir qui dominait alors dans le Viennois, le Bugey et le pays de Sermorens (ou Salmorenc) »; et ce pouvoir selon lui était celui d'Humbert aux Blanches-Mains. Ces assertions appellent de très-sérieuses observations. D'abord il est inadmissible que ce texte ait été dressé pour être signé et juré par un seul personnage. l'Église ne procédait pas ainsi : tous les hommes libres juraient la Paix, soit individuellement, soit en masse, soit personnellement, soit par leurs seigneurs ; les gens du peuple et des campagnes, *plebeii, rustici*, étaient même reçus aux assemblées où elle était proclamée (M. Pfister, p. 167 et n., et les développements qui suivent). Et puis, M. de Manteyer le reconnaît lui même (p. 140), il y avait une autre Maison dominante dans ces régions, celle d'Albon, sans compter les évêques et les abbés indépendants : le concile aurait-il conféré un brevet de supériorité à Humbert de Savoie sur ces autres Princes et sur ces prélats ? Qui ne voit que c'était là chose impossible, surtout à ce moment, où Humbert n'était encore que comte de Savoie-Belley ? Enfin, d'après l'interprétation, inexacte selon moi, d'un passage du document en question, M. de Manteyer dit : « Le comte Humbert avait recueilli l'héritage de son père depuis au moins trente ans... Son père avait dû mourir avant le mois d'octobre 993 » (p. 125); ce qui paraît aller contre la charte de l'an 1000 citée ci-dessus, p. 6. Il s'agit simplement d'un terme de prescription fixé par le Concile, et la prescription trentenaire était en usage dès la première moitié du dixième siècle (A. Bruel, Chartes de Cluny, t. II, p. 35 36). — On comprendra que je ne puisse m'engager ici dans une réfutation complète des allégations de M. de Manteyer et de tout son système, et je regrette sincèrement d'être en contradiction pour le fond avec cet érudit fort estimable, dont les dissertations seront toujours d'un grand secours à ceux qui aborderont ces questions.

(1) Atque Dei treugam constanti fœdere sanctam
    Constituit primus, cautius ut potuit.
   (Épitaphe de Hugues, évêque de Lausanne).
Sur le concile de Montriond et la Paix qui y fut proclamée, v. le baron Gingins : *La Trêve de Dieu dans la Transjurane ; Mém. et Doc. etc. de la Suisse romande, t. XX, anc. série, p. 311 312.*

le voit par les Chansons de geste ; on les opposait aux mains calleuses ou négligées des gens du commun. On sait l'effet de consternation produit sur les partisans de l'anti-roi Rodolphe de Rheinfelden lorsqu'il fut tué à la bataille de l'Elster, le 15 octobre 1080, et eut la main droite tranchée par son adversaire inconnu (1). D'autres personnages considérables. Guillaume, fils de Thibaut le Grand comte de Champagne, archevêque de Sens puis de Reims en 1176, Robert III comte de Leicester, mort en 1167, dont la fille Amicia épousa Simon de Montfort, ont été surnommés de même *aux Blanches-Mains* (2). Laissons donc une subtile et fausse interprétation, fort inutile d'ailleurs, quand les chartes et les faits de l'histoire nous édifient assez sur le mérite et les œuvres de l'homme pour que nous puissions le classer moralement, et lui assigner le rang qui lui appartient dans l'estime des hommes, en reconnaissant en lui un habile dont l'ambition fut tempérée par l'humanité, un fondateur dont l'Établissement a traversé les siècles en donnant à ses descendants et successeurs un tel rôle dans le monde qu'ils ont pu finalement constituer un des grands États de l'Europe moderne, un restaurateur dont les Églises conservèrent longuement la mémoire, enfin un ami de l'ordre et de la paix, auxiliaire et émule des grands princes et des grands prélats de son époque, de cet évêque de Lausanne par exemple, fils de Rodolphe III, sur la tombe duquel on inscrivit ce bel éloge, qu'on voudrait avoir été décerné à Humbert aux Blanches-Mains lui-même : *Patriam probitate replevit*. Il remplit d'honneur son pays.

CAMILLE RENAUX.

Carcassonne, 13 janvier 1905.

---

(1) Cette main coupée, avec laquelle Rodolphe avait prêté le serment à son légitime souverain pour se parjurer ensuite et s'élever contre lui, parut aux contemporains un jugement de Dieu. *Magnum documentum*, grande leçon, répétait-on. Il faut lire le curieux discours qu'Helmold, dans sa *Chronique des Slaves*, prête au héros expirant, montrant sa main détachée par le fer (Mon. Germ. Hist. éd. in usum scholarum, p. 62, Hanovre, 1868). « Un bavard de sacristain », dit Voigt dans son *Histoire de Grégoire VII*, fait voir encore la même main dans l'église de Mersebourg, où est le tombeau de l'anti-roi orthodoxe.

(2) D. Bouquet, t. XII p. 687. — C'est d'après ce signe apparemment que les graveurs ont figuré Humbert Ier avec une tête ronde de blond chérubin, aux traits doux et fins.

9 782012 889576